Rebecca St. James
Das pure Leben

Über die Autorin

Rebecca St. James, Jahrgang 1977, ist eine weltweit bekannte Sängerin. Darüber hinaus ist sie Film-Schauspielerin und Autorin. Die gebürtige Australierin hat auch mehrere Bücher für Teens geschrieben. Aktuell lebt sie in Nashville, Tennessee, USA.

Rebecca St. James

DAS
PURE
Leben

77 Andachten für Mädels

Aus dem Englischen übersetzt von Ilona Mahel

Dieses Buch widme ich meiner Mutter,
die mir auf wundervolle Weise vorgelebt hat,
ein pures Leben zu führen.

Mama, vielen Dank, dass du mir gezeigt hast,
was es heißt, Gott mit dem Verstand,
dem Körper und dem Geist zu lieben.
Du lebst in diesem Buch!
Und vielen Dank, dass du eine so tolle Mutter bist.
Ich liebe dich.

INHALT

VORWORT

Es war Mitte August und ich spielte beim Flevo-Festival in Holland. Das holländische Publikum hat meine Musik bisher immer sehr genossen und lauter mitgesungen und sich mehr eingebracht als sonst irgendein Publikum auf der Welt. Ich war also sicher, dass es ein gutes und ermutigendes Konzert werden würde! Das Ganze bekam einen noch größeren Kick, weil ein Fernseh-Team kurz vor meinem Auftritt noch ein Live-Interview mit mir führte. Als ich dann auf die Bühne ging und meine Band anfing, das erste Lied zu spielen, wurde ich von Kameras ins Visier genommen.

Plötzlich merkte ich aber, dass irgendetwas nicht stimmte. Die sogenannten „In-Ear-Monitore" in meinen Ohren, die per Kabel mit einem kleinen Kästchen auf meinem Rücken verbunden waren, funktionierten nicht richtig. Diese Monitore sind sehr wichtig, weil ich über sie meine Band höre und sie mir ermöglichen, sowohl in der richtigen Tonhöhe zu singen als auch im Takt zu bleiben. Das Ganze passierte nur Sekunden, bevor ich auf die Bühne kommen und singen sollte, also überlegte ich fieberhaft, was ich tun könnte. An dem Spruch „The show must go on" ist in der Tat was Wahres dran ... Als ich zu den mehr als 5.000 Leuten rauskam, hatte ich das Problem mit meinen Monitoren immer noch nicht gelöst. Also versuchte ich, das Ganze während der kurzen Gesangspausen in den Songs wieder hinzubekommen, aber es half alles nichts. Schließlich war „Wait for me" dran, und ich wusste, dass ich das Lied ohne die Monitore nicht einwandfrei würde singen können. Ich beschloss also, meinen Stolz zu überwinden und zerrte das ganze Kabelgewirr aus meiner Jacke, während ich dem Publikum erklärte, was passiert war. Ich überspielte die Situation mit einem Lachen und dem Hinweis, dass man so einen Blick hinter die Kulissen bekommen könnte. Und das alles live auf der Bühne!

Weil das Empfangsgerät für die Monitore normalerweise in meiner Jacke versteckt ist, sind sie eigentlich so gut wie unsichtbar. Trotzdem haben sie großen Einfluss darauf, wie mein Auftritt verläuft. Genauso ist es auch mit unseren inneren „Empfangsgeräten" – unserem Verstand und unserem Geist – die unseren Körper und das, was wir im Leben tun, am meisten beeinflussen. Wenn sie auf das falsche Signal programmiert sind oder nicht richtig funktionieren, gibt es Probleme. Wir sind nicht richtig „gestimmt". Diese „Stimmigkeit" – Reinheit – beginnt immer in den verborgenen Winkeln unseres Herzens.

Und um diese Reinheit geht es in diesem Buch, darum, dass Gott uns echtes, unverfälschtes, pures Leben schenken möchte.

Die 77 Andachten in diesem Buch wollen dir helfen, diese Klarheit von innen nach außen zu befördern. Komm mit und stell deine Sinne auf „Empfang" ein, damit du die Signale, die Gott dir sendet, hören kannst – und du weißt, wie du sein Lied singen kannst! In der Bibel heißt es: „Glücklich sind, die ein reines Herz haben, denn sie werden Gott sehen" (Matthäus 5,8).

Es gibt viele Gründe dafür, dass ich ein reines Herz für sehr wichtig halte. Ich setze mich leidenschaftlich für Reinheit ein, weil sie funktioniert. Weil sie mich beschützt – und meinen zukünftigen Ehemann und meine Kinder. Weil sie romantisch und hilfreich ist. Und weil sie meinen Vater im Himmel froh macht. Viele Leute denken bei Reinheit an etwas, das sie *tun* müssen, anstatt sich vorzustellen, dass sie es einfach *sein* können.

Ich freue mich, dass du dieses Buch in den Händen hältst und wir diese Reise zusammen machen – hin zu einem Leben, das von Klarheit und Unverfälschtheit geprägt ist. Auf den nachfolgenden Seiten findest du Andachten, die dir dabei helfen, alle Bereiche deines Lebens von Gottes Geist durchdringen zu lassen. Unser Körper, unser Verstand und unser Geist sind dazu geschaffen, im Einklang mit Gottes Willen zu sein. Glaub mir, es passieren erstaunliche Sachen, wenn wir ein Leben führen, das in allen Bereichen echt ist. Per. Wie groß ist deine Leidenschaft, Gott zu gefallen und die Beziehung zu ihm durch nichts stören zu lassen? Wenn es unsere größte Leidenschaft ist, unsere Liebe zu unserem himmlischen Vater zu leben, hat das einen Einfluss auf unser ganzes Leben – nicht nur die Entscheidung darüber, wie wir mit unserem Körper umgehen, sondern auch, womit wir unsere Gedanken und unseren Geist füttern.

Die Andachten sind so aufgebaut, dass du jeden Tag einen Denkanstoß bekommst, der dir dabei hilft, Gottes Gegenwart zu einem noch größeren Bestandteil deines Lebens werden zu lassen. In der Rubrik „Weitergedacht" werden diese Gedanken vertieft. Und wenn du wirklich möchtest, dass Gott dein Leben verändert, dann sind die Vorschläge aus „Mitten ins Leben" genau das Richtige für dich.

Danke, dass du diese Reise mit mir machst!
Mit dir unterwegs zu einem puren Leben,

Rebecca St. James

1
IM EINKLANG MIT GOTTES PLAN FÜR DEIN LEBEN

Herr, deine Güte ist unvorstellbar weit wie der Himmel, und deine Treue reicht so weit, wie die Wolken ziehen. Deine Gerechtigkeit ist unerschütterlich wie die mächtigen Berge, deine Entscheidungen sind unermesslich wie das tiefe Meer.

PSALM 36,6–7

Denkanstoß

Als ich zwölf Jahre alt war, nahm ich an einer Veranstaltung in meiner Schule teil, die mein Leben entscheidend beeinflusst hat: Ein Redner bat alle Leute nach vorne, die sich von Gott dazu berufen fühlten, ihm ihre Begabungen und Talente zur Verfügung zu stellen. Ich spürte, dass ich diesem Aufruf folgen sollte. Ich wollte Gott bitten, mir seinen Willen und seine Absichten für mein Leben zu zeigen. Im selben Jahr führte Gott mich in die Welt der Musik. Mit 13 Jahren veröffentlichte ich mein erstes Album. Es war eine Lobpreis-CD, die den Titel „Refresh my heart" (Erfrische mein Herz) trug. Schon oft bin ich gefragt worden: „Wozu fühlst du dich am allermeisten berufen?" Ich habe den Eindruck, dass Gott mir aufgetragen hat, andere dazu zu ermutigen, für Gott einzustehen, radikal für ihn zu leben und ein Leben zu führen, das ihn ehrt. Das Fundament für diese Berufung wurde gelegt, als ich mit zwölf Jahren anfing, Gottes Stimme zu folgen.

Auf Gott hören bedeutet, seinen Verstand, seinen Körper und seinen Geist von ihm durchdringen zu lassen. Dazu müssen die Empfangsleitungen zu ihm frei, „rein" sein. In der Musik bedeutet das Wort „rein": „frei von Härte oder Rauheit, richtig gestimmt". Gott hat einen Plan für dich und mich, und er lädt uns dazu ein, im Einklang mit diesem Plan zu leben. Rein zu sein bedeutet, zuallererst seinen Willen für unser Leben zu suchen. Wenn unser Leben eine Bedeutung haben soll, müssen wir herausfinden, welchen Plan Gott für uns hat und uns danach ausrichten. Ohne diesen Plan haben wir keine Orientierung und wissen möglicherweise nicht, welchen Weg wir einschlagen sollen, wenn wir an eine Kreuzung kommen. Der Plan hilft uns dabei, zu entscheiden, was wichtig ist. Er gibt uns die Kraft, das zu tun, was wir tun sollen. Denn das Leben ist kein wirkliches Leben, wenn es ohne Sinn und Ziel gelebt wird.

Weitergedacht

Alles, was Gott tut, das tut er mit einer ganz bestimmten Absicht. Er hat den Himmel aus einem bestimmten Grund geschaffen: um das Wasser des Himmels vom Wasser der Erde zu trennen. Die Sonne und den Mond hat er sich mit einer bestimmten Absicht ausgedacht: um dem Leben einen Rhythmus zu geben, um die Zeit in Jahreszeiten, Tage und Jahre einzuteilen. Und sozusagen als krönenden Abschluss hat er den Menschen nach seinem Ebenbild geschaffen.

Stell dir vor: Gott liebt dich und mich so sehr, dass er seinen Fingerabdruck auf uns hinterlässt. Deshalb können wir sicher sein, dass er für jeden von uns einen Plan fürs Leben hat! Der Apostel Paulus hat einmal gesagt, dass in seinem Sohn Jesus Christus alles erschaffen worden ist, was auf der Erde und im Himmel lebt, und dass alles in ihm sein letztes Ziel findet (siehe Kolosser 1,16–17).

Mitten ins Leben

Kennst du Gottes Plan für dein Leben? Und bist du bereit, diesem Weg zu folgen? Damit deine Träume und sein Plan eins werden, kommt es auf deine Mitarbeit an. Wenn du merkst, dass seine und deine Vorstellungen vom Leben nicht so recht zusammenpassen, dann bitte Gott, dir zu zeigen, was er über dich denkt, und lass dir von ihm den Mut schenken, seinen Absichten zu folgen. Er möchte mit dir zusammen deinen Weg gehen – hin zu dem Leben, für das er dich geschaffen hat!

2.

WER BESTIMMT DEINEN WERT?

*Welchen Wert hat schon ein Spatz auf dem Dach? Man kann zwei
von ihnen für einen Spottpreis kaufen! Trotzdem fällt keiner tot zur
Erde, wenn es euer Vater nicht will. Bei euch sind sogar die Haare
auf dem Kopf alle gezählt. Darum habt keine Angst! Ihr seid Gott
mehr wert als ein ganzer Spatzenschwarm.*

MATTHÄUS 10,29–31

Denkanstoß

Vor einigen Jahren habe ich in der Schweiz eine Erfahrung gemacht,
die mein Leben sehr stark verändert hat. Ich brauchte gerade eine
längere Zeit der Erholung, und die fand ich in einer Kommunität, in
der Christen und Nicht-Christen nach ehrlichen Antworten auf die
Frage nach Gott und seinem Plan für ihr Leben suchen können. Und
dort hat Gott zu mir gesprochen: Er hat mir gesagt, dass ich in ihm
einen „Gott-Wert" habe. Und die Tatsache, dass ich meinen Wert in
Gott habe, hat schließlich meine bisherigen Vorstellungen vom
Selbstwert ersetzt. Ich glaube nicht, dass ich jemals zuvor das Gefühl von Ganzheit erlebt habe, das ich dort plötzlich empfand.

Gott sprach besonders in einen Bereich meines Lebens hinein,
mit dem ich große Schwierigkeiten hatte. Du musst wissen, dass ich

ziemlich perfektionistisch bin. Als Perfektionist macht man meist Folgendes: Entweder, man treibt sich selbst dazu an, immer noch besser zu werden, oder man gibt auf, weil man glaubt, dass man es sowieso niemals schaffen wird. Ich habe lange gedacht, dass Gott von mir enttäuscht ist – dass ich nicht gut genug bin. Doch durch die Bibel und die Zeit, die ich mit ihm allein verbrachte, hat er mir zugesprochen, dass ich angenommen und wertgeschätzt bin.

Viele Menschen konzentrieren sich darauf, anderen zu gefallen, und fühlen sich deshalb nicht wohl in ihrer Haut. Sie wissen nicht, wer sie wirklich sind. Sie glauben, ihr Selbstwert ist davon abhängig, was sie für andere tun oder auch nicht tun. Aber eine solche Abhängigkeit ist mit einer Wertschätzung verbunden, die unecht und an Bedingungen geknüpft ist. Wenn wir dagegen unseren Wert bei Gott festmachen, sind wir weniger anfällig für falsche Abhängigkeiten.

Weitergedacht

Wenn du „Der Herr der Ringe" von J. R. R. Tolkien gelesen oder die Filme gesehen hast, erinnerst du dich vermutlich an das Wesen Gollum, und daran, dass er ständig auf den Schatz, den Ring, fixiert war. Er war bereit, alles dafür zu tun, ihn festzuhalten, und hat alles versucht, um ihn wieder zurückzubekommen. Am Ende hat ihn die eigennützige Begeisterung für seinen „Schatz" das Leben gekostet. Anders als bei Gollum ist die Liebe Gottes zu uns komplett uneigennützig. Er war bereit, das aufzugeben, was ihm am wichtigsten war – seinen einzigen Sohn – um dich freizukaufen. Er schätzt dich, weil du eine kostbare Perle seiner Schöpfung bist.

Mitten ins Leben

Wie lange denkst du morgens darüber nach, ob du heute gut genug aussiehst? Statt zu grübeln, was andere über dich denken könnten, überleg doch mal, wie Gott über dich denkt, welchen Wert du in seinen Augen hast. Schau in den Spiegel und mach dir bewusst, wie kostbar du für ihn bist!

3.

RADIKAL ANDERS STATT TOTAL NORMAL

Kommt, wir wollen ihn anbeten und uns vor ihm beugen; lasst uns
niederknien vor dem Herrn, unserem Schöpfer! Denn er ist unser
Gott, und wir sind sein Volk. Er kümmert sich um uns wie ein Hirte,
der seine Herde auf die Weide führt.

PSALM 95,6–7

Denkanstoß

Während einer Europa-Tournee hatten wir die Ehre, die Färöer-Inseln besuchen zu können – eine windgebeutelte Gruppe von 18 Inseln im Nordatlantik, die früher zu Dänemark gehörte. Diese Inseln liegen auf halber Strecke zwischen Island und Norwegen und werden von 50.000 Menschen und etwa 70.000 Schafen bewohnt!

Die Menschen auf den Färöer-Inseln haben ihre eigene Sprache und das älteste Parlament der Welt. Die Bevölkerung ist – im Gegensatz zu den meisten anderen Ländern Europas – sehr christlich geprägt. Mehr als 30.000 Einwohner bezeichnen sich als wiedergeborene Christen. In ihrem Land ist Abtreibung illegal und Pornografie gesetzlich verboten. Wir waren total erstaunt, als wir das alles hörten. Die Menschen, die wir dort trafen, schienen sich nicht dem zu unterwerfen, was in der Gesellschaft oder der Politik gerade angesagt ist. Aber Gott möchte, dass wir *alle* ein Leben führen, das radikal anders ist als das, was uns die Gesellschaft als „normal" vorlebt.

Der Wortstamm, von dem die Färöer-Inseln ihren Namen bekommen haben – Faroese – bedeutet wörtlich „Schafinseln". Wie passend für ein Volk, in dem die Mehrheit sich bemüht, Jesus nachzufolgen! Ganze Familien kamen zu unserem Konzert, um Gott anzubeten. Es war fantastisch, zu sehen, wie Eltern und Kinder zusammen für Gott Loblieder sangen.

Weitergedacht

Schafe sind sehr einfältige Tiere. Sie laufen einem anderen – ihrem Hirten – nach, und sie kommen gut zurecht damit, denn der Hirte kümmert sich um sie, füttert und beschützt sie. Aber sie können auch schnell in Gefahr geraten, wenn sie aus Angst vor einem Geräusch von der Herde wegrennen oder einem anderen Schaf folgen, das sich verlaufen hat.

Wenn unsere Gedanken klar – rein – sein sollen, dann müssen wir uns zunächst entscheiden, welcher Stimme wir folgen wollen: den Stimmen um uns herum, die uns sagen, dass wir zuerst und vor allem gut zu uns selbst sein, dieses und jenes tun und uns keine Gedanken über die Folgen machen sollen – oder der Stimme unseres Hirten, der uns auffordert, ihm zu folgen, gegen den Strom zu schwimmen und Entscheidungen zu treffen, deren Folgen für uns selbst und andere bis in die Ewigkeit hineinreichen. Alles Entscheidende beginnt damit, dass wir uns sagen: „Ich beschließe hiermit, nur das zu denken und zu tun, was mein himmlischer Vater von mir möchte, und nicht das, was mir die Gesellschaft vorschreibt." Paulus will uns da Mut machen. Er schreibt: „Richtet eure Gedanken auf Gottes unsichtbare Welt und nicht auf das, was die irdische Welt zu bieten hat" (Kolosser 3,2).

Mitten ins Leben

Gibt es momentan in deinem Leben einen bestimmten Bereich, an den du Gott noch nicht richtig rangelassen hast? Sprich mit Gott darüber. Bitte ihn darum, dich heute zu beschützen und zu leiten und vertraue darauf, dass er es tun wird.

4.
ZEIT FÜR EINEN TERMIN MIT GOTT

Sucht die Nähe Gottes, dann wird er euch nahe sein. Wascht die
Schuld von euren Händen, ihr Sünder, und lasst Gott allein in euren
Herzen wohnen, ihr Unentschiedenen!

JAKOBUS 4,8

Denkanstoß

Es gibt eine Menge an Dingen, die täglich deine Aufmerksamkeit wollen. Die Zeit, die du in der Schule oder auf der Arbeit verbringst, verbraucht viel von deiner Energie; vielleicht gibt es außerdem andere Menschen, um die du dich kümmern musst; Hobbys, denen du gerne nachgehen möchtest, Einkaufstouren, Social Media und Lieblingsserien im Fernsehen ... Wie oft hast du dir schon gewünscht, der Tag hätte mehr als 24 Stunden? Es passiert schnell, dass man Gott in all der Fülle an Terminen vergisst.

Ich verbringe sehr gerne Zeit mit Gott, indem ich draußen in der Natur bin und seine Schöpfung genieße. Dabei kann ich entdecken, wie kreativ, wunderschön und mächtig er ist. Es beeindruckt mich zu sehen, wie toll Gott selbst die kleinsten, unscheinbarsten Blumen gemacht hat. Ich glaube, einige meiner intensivsten Erlebnisse mit Gott fanden während eines Spaziergangs statt.

Es ist Gott nicht möglich, unsere Gedankenwelt zu verändern, wenn wir nicht regelmäßig Zeit mit ihm verbringen. Denn unsere

Gedanken drehen sich naturgemäß immer um die Dinge, die unsere Zeit in Anspruch nehmen. Ich setze alles daran, täglich Zeit mit Gott zu verbringen und ihn von ganzem Herzen zu suchen. Ein großer Teil des radikalen Lebens für Gott besteht darin, ihn zu suchen und zu bitten: „Gott, sprich zu meinem Herzen!" Wenn wir ernsthaft und ehrlich mit diesem Gebet zu ihm kommen, wird er unseren Geist und unser Herz reinigen.

Eine solche „Reinigung", also Veränderung, beginnt immer in uns, bevor sie nach außen wirken kann. Aber dazu müssen wir uns dafür entscheiden, die Zeit mit Gott zu einer Priorität zu machen. Es gibt immer Dinge, zu denen wir „nein" sagen können. Aber wenn wir „ja" zu Gott sagen, werden gewaltige Dinge passieren!

Weitergedacht

Wenn du einmal einen Blick in das Alte Testament wirfst, wirst du sehen, dass es Gott sehr wichtig war, dass die Menschen damals den Tempel regelmäßig reinigten. Genauso möchte er, dass wir den Tempel reinigen, in dem er heute lebt: unsere Herzen und unseren Geist. „... Darum wollen wir uns auch von allem trennen, was unseren Körper oder unseren Geist verunreinigt. In Ehrfurcht vor Gott wollen wir immer mehr so leben, wie es ihm gefällt" (2. Korinther 7,1).

Mitten ins Leben

Schreibe dir einmal auf, wie du an einem typischen Tag deine Zeit verbringst. Was machst du alles? Welche Dinge sind dir wirklich wichtig? Bist du zufrieden mit der Menge an Zeit, die du täglich mit Gott verbringst? Falls nicht: Was könntest du von deinem Aufgabenzettel bzw. deinem Terminkalender streichen, um mehr Zeit mit ihm verbringen zu können? Jetzt kommt es nur noch darauf an, deinen Plan in die Tat umzusetzen. Packs an – du wirst erleben, wie Gott dich verändert.

5.

NEU ANFANGEN – IMMER WIEDER

Doch hängt nicht wehmütig diesen Wundern nach! Bleibt nicht bei der Vergangenheit stehen! Schaut nach vorne, denn ich will etwas Neues tun! Es hat schon begonnen, habt ihr es noch nicht gemerkt?

JESAJA 43,18

Denkanstoß

Vor ein paar Jahren habe ich auf die harte Tour lernen müssen, dass es gerade für Menschen, die viel unterwegs sind, wichtig ist, mal Pause zu machen. Mein Leben ist ziemlich ausgefüllt mit Zeiten, in denen ich auf Tournee bin, Bücher und Songtexte schreibe, Zeit im Studio verbringe ... Kürzlich habe ich deshalb eine ausgedehnte Auszeit genommen. Vorher habe ich viel Zeit damit verbracht, Gott ernsthaft danach zu fragen, wie diese Zeit aussehen soll. In so einer Auszeit tritt man Gott mit leeren Händen und einem weit geöffneten Herz entgegen und sagt: „Gott, erneuere mich; sprich zu mir; bereite mein Herz auf Neues vor, das du in mir und durch mich tun möchtest." Ich habe so eine Ahnung, dass Gott mich in einen neuen „Raum" meines Lebens führt – von einem Zimmer meines „Lebenshauses" in ein anderes, das ich bisher noch nie betreten habe.

Ich freue mich sehr auf diese neue Zeit. Gott ist schon dabei, neue Türen zu öffnen! Ich bin sogar dabei, Film- und Schauspielmöglichkeiten auszuloten, etwas, das ich schon länger gerne machen wollte.

Es fühlt sich an wie eine Zeit des Aufbruchs, und ich glaube, die Auszeit war ein Schlüssel dazu. Schließlich möchte ich immer Gottes Willen für mich folgen und das Abenteuer auskosten, das er für mich vorbereitet hat.

Wie sieht es mit dir aus? Hast du den Eindruck, mittendrin zu sein – im Willen Gottes? Oder bist du eher an einem Punkt, an dem dein Leben mit Gott irgendwie festzustecken scheint? Sehnst du dich danach, dass er etwas ganz Neues anfängt? Der erste Schritt besteht darin, ihm von dieser Sehnsucht zu erzählen. Dann setz dich hin und werde still vor Gott. Wenn du für sein Reden offen bist und herausfinden möchtest, was er für das Beste für dich hält, kannst du sicher sein, dass er antworten wird!

Weitergedacht

Wenn wir an Neuanfänge denken, fällt uns meistens der 1. Januar ein, aber Gott möchte nicht nur an diesem Tag Neues beginnen. Gott ist ein Gott der Neuanfänge. An vielen Stellen in den Psalmen (zum Beispiel in Psalm 98,1) spornt David uns an, „dem Herrn ein neues Lied zu singen".

Es gibt schon so viele schöne Lieder. Warum liegt Gott so viel daran, neue Lieder zu hören? Weil sie immer dann entstehen, wenn wir neue Erfahrungen machen. Denn Gott ist nicht nur ein Gott, der in unserer Vergangenheit ein paar erstaunliche Dinge getan hat – er ist der Gott, der *jetzt* erstaunliche Dinge tut! Und weil er der Schöpfer ist, weiß er, wie er Neues in das Leben seiner Kinder bringen kann. Er möchte, dass wir zu ihm kommen und ihn um Erneuerung bitten.

Mitten ins Leben

Hast du das Gefühl, in deiner Beziehung zu Gott „festzustecken"? Reicht es dir, wenn immer die gleiche alte Platte in deinem Leben leiert? Alles, was du tun musst, ist zu bitten: „Gott, was möchtest du Neues in meinem Leben tun?" Wenn du bereit bist, danach zu fragen, ist er bereit zu antworten. Worauf wartest du noch? Heute ist der beste Tag, damit anzufangen!

6.

DIE MASKE ABNEHMEN

*Hütet euch vor den Pharisäern und ihrer Scheinheiligkeit, denn sie
ist wie ein Sauerteig, der das ganze Brot durchsäuert. Jetzt kommt
bald die Zeit, in der das Verborgene ans Licht kommt und alle
Geheimnisse enthüllt werden. Was ihr im Geheimen redet, werden
alle erfahren, und was ihr hinter vorgehaltener Hand flüstert, wird
alle Welt zu hören bekommen.*

LUKAS 12,1–3

Denkanstoß

Während meiner Kindheit in Australien haben meine Brüder und
ich für meine Eltern kleine Musikshows aufgeführt. Wir haben so
getan, als seien wir eine Rockband. Mit meiner Haarbürste als Mik-
rofon war ich die Sängerin, meine Brüder schlugen auf Töpfe und
Pfannen. Ich glaube, wir haben meinen Eltern damals sogar Fanarti-
kel verkauft! Außerdem habe ich schon früher sehr gerne zu Liedern
getanzt. Ich vermute, dass ich schon immer irgendwie eine Künstlerin war.

Ich erinnere mich noch gut daran, wie ich mit 15 Jahren meinen
ersten Plattenvertrag unterschrieb. Ich wusste damals, dass das ein
wichtiger Moment ist. Aber ich glaube, ich hatte absolut keine Ahnung, wie wichtig er noch werden würde! Niemals hätte ich mir alle
Details der Reise vorstellen können, auf die Gott mich damals mit-

genommen hat. Das war ein unglaubliches Abenteuer, in das er mich hineingeführt hat!

Aber es gibt auch Dinge an meinem Beruf, bei denen ich mich sehr unwohl fühle. Zum Beispiel, dass manche Leute dazu neigen, christliche Künstler auf ein Podest zu heben. Meine Mutter nennt das „die Macht der Bühne". Es gibt keine Stars außer Jesus – wir anderen sind alle auch nur Menschen. Ich versuche immer, diese Mauer zu durchbrechen und möglichst authentisch gegenüber den Menschen zu sein, die meine Konzerte besuchen. Deshalb bin ich auch immer noch erstaunt, dass manche Mädchen sehr emotional werden, wenn sie mich treffen. Ich versuche dann immer, ihnen zu versichern, dass ich genauso bin wie sie – wir kochen alle nur mit Wasser, wie man so schön sagt.

Lange Zeit dachte ich, dass andere meine Schwächen nicht sehen dürfen. Wenn es mir schlecht ging, dachte ich, ich müsse stark sein und mich zusammenreißen, ein tapferes Gesicht machen und alles daran setzen, es alleine zu schaffen. Aber ich habe dazugelernt. Wenn man die Maske abnimmt, steht man auf einer Stufe mit anderen Menschen, die auch Verletzungen erlitten haben – und das hat jeder schon! Wenn man echt und ehrlich ist, dann entsteht eine unglaubliche Nähe zum anderen, und diese Nähe fördert das gemeinsame Vertrauen auf Gott. Wahre Ehrlichkeit ist schon etwas Tolles!

Weitergedacht

Das Wort „Heuchler" stammt von einem griechischen Wort ab, das wörtlich „Schauspieler" oder „Jemand, der nur so tut, als ob" bedeutet. Jesus hatte für die Heuchler seiner Zeit sehr klare Worte. Denen war nämlich vor allem wichtig, wie sie durch ihre Taten – das Almosengeben für die Armen, ihre Gebete in der Synagoge und das Fasten – bei anderen ankamen, anstatt sich darauf zu konzentrieren, was in ihren Herzen vor sich ging (vgl. Matthäus 6,1–18). Über diese Menschen hat Jesus gesagt: „Wie recht hat Jesaja, wenn er von euch Heuchlern schreibt: ‚Diese Leute ehren Gott mit den Lippen, aber mit dem Herzen sind sie nicht dabei. Ihr Gottesdienst ist wertlos, weil sie ihre menschlichen Gesetze als Gebote Gottes ausgeben'" (Markus 7,6–7).

Mitten ins Leben

Welche Masken trägst du? Ändert sich dein Verhalten je nachdem, von welchen Menschen du gerade umgeben bist? Gott möchte, dass du konsequent bist und dein Verhalten das widerspiegelt, was in deinem Herzen abgeht. Wirf die Maske weg und sei echt – gegenüber Gott, dir selbst und anderen.

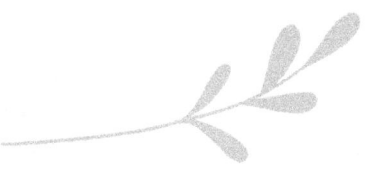

7.

TOTAL EHRFÜRCHTIG

Auf uns wartet also eine neue Welt, die niemals erschüttert wird.
Dafür wollen wir Gott von Herzen danken und ihm voller Ehrfurcht
dienen, damit er Freude an uns hat. Denn unser Gott ist wie ein
Feuer, dem nichts standhalten kann.

HEBRÄER 12,28–29

Denkanstoß

Als ich fünf oder sechs Jahre alt war, gingen meine Familie und ich in Sydney in die Baptistengemeinde. Mit dieser Gemeinde verbinde ich besondere Erinnerungen, denn dort habe ich Jesus mein Leben anvertraut. Ich erinnere mich an die Anbetungszeit an einem bestimmten Sonntagmorgen: Meine Mutter stand neben mir, und als ich zu ihr hochschaute, sah ich, dass ihr Tränen über die Wangen liefen. Ich fragte sie, warum sie weint, und sie sagte, es sei alles in Ordnung – sie würde gerade einfach Jesus anbeten. In dem Moment hat sie mir eine große Lektion über die Macht der Anbetung gegeben – eine Lektion, die ich nie vergessen werde.

Damals habe ich es nicht richtig verstanden, aber jetzt leuchtet mir total ein, warum sie diese Freudentränen geweint hat. Später hab ich es selbst oft ähnlich erlebt und genauso reagiert. Wenn ich Gott in der Gemeinde oder während eines meiner Konzerte anbete, kann es vorkommen, dass ich Tränen in den Augen habe oder sie mir über die Wangen laufen. Es passiert etwas ganz Außerordentliches, wenn Menschen zusammenkommen und gemeinsam Gott verehren. Manchmal bringt mich schon die bloße Energie solcher Momente zum Weinen. Meine Mutter hat mir beigebracht, Jesus zu lieben, ihm mit Ehrfurcht zu begegnen und ihm meinen Dank rüberzubringen. Anbetung bedeutet, sich an Gott zu freuen – egal, ob man das durch Musik, durch Worte oder sogar durch Tränen zum Ausdruck bringt.

Weitergedacht

Voller Ehrfurcht zu sein heißt, von der Herrlichkeit Gottes überwältigt zu sein. Der Psalmbeter David hat es einmal so ausgedrückt: „Ich aber darf zu dir kommen, denn in deiner großen Gnade hast du mich angenommen. Voller Ehrfurcht bete ich dich in deinem Heiligtum an" (Psalm 5,8). Die Sache mit der Ehrfurcht scheint heute irgendwie total out zu sein. Wir haben eigentlich vor gar nichts mehr Ehrfurcht.

Kennst du die Geschichte von Jakob aus dem Alten Testament? Jakob hatte einmal einen Traum, in dem Engel auf einer Treppe, die bis in den Himmel reichte, rauf- und runterkletterten. Am Ende der Treppe erschien Gott und redete mit Jakob über sein Erbe und seine Nachkommen. Dann heißt es in der Bibel: „Jakob erwachte. Entsetzt blickte er um sich. ‚Tatsächlich – der Herr wohnt hier, und ich habe es nicht gewusst!', rief er. ‚Wie furchterregend ist dieser Ort! Hier ist die Wohnstätte Gottes und das Tor zum Himmel!'" (1. Mose 28,16–17). Jakob nannte den Ort „Bethel", was „Haus Gottes" bedeutet, denn es war für ihn ein heiliger Ort, der Ehrfurcht in ihm auslöste.

Auch im Neuen Testament gibt es viele Berichte darüber, dass Menschen „voller Ehrfurcht" waren und anfingen, Gott zu preisen –

weil Jesus Wunder getan hatte. (Lies mal nach bei Matthäus 9,18; Lukas 1,65 und 5,26 sowie 7,16.)

Mitten ins Leben

Wann hat Gott zuletzt etwas wirklich „Ehrfurchtgebietendes" in deinem Leben getan? Was kannst du dafür tun, wirklich ehrfürchtig vor Gott zu werden? Er verdient es, dass du ihm heute voller Ehrfurcht begegnest.

8.

KEIN DEAL MIT GOTT

Bittet Gott, und er wird euch geben! Sucht, und ihr werdet finden!
Klopft an, und euch wird die Tür geöffnet! Denn wer bittet,
der bekommt. Wer sucht, der findet. Und wer anklopft,
dem wird geöffnet.

MATTHÄUS 7,7–8

Denkanstoß

Wenn ich auf Shopping-Tour gehe, bin ich meistens besonders wild auf Schnäppchen. Welches Mädchen geht nicht gerne auf die Jagd nach dem besten Kleidungsstück oder der coolsten Deko für den günstigsten Preis? Ich glaube, das liegt in unseren weiblichen Genen. Vor ein paar Jahren habe ich ein Haus gekauft und es „Avonlea" genannt. So heißt ein Ort in „Anne of Green Gables", einem meiner Lieblingsbücher. Ich möchte, dass mein Zuhause ein außergewöhnlicher, gemütlicher und einladender Ort ist, an dem ich mich entspannen kann. Meine Möbel kaufe ich meist im Secondhand-Laden. Ich genieße es regelrecht, nach dem einen, perfekt passenden Accessoire als Ergänzung für meine Inneneinrichtung zu suchen. Und wenn es dann noch ein Schnäppchen ist, umso besser!

Kein Wunder, dass es uns Frauen deshalb manchmal so leicht fällt, mit Gott zu handeln. Eigentlich ist uns klar, dass er weiß, was das Beste für uns ist, aber wir wollen schon auch wissen, wie „der

Deal" denn im Einzelnen aussieht. Manchmal hält uns die Angst davor, seine Pläne nicht komplett zu kennen, davon ab, ihm unsere Träume anzuvertrauen. Sagen würden wir es vielleicht nicht, aber unsere Gedanken hören sich doch oft so an: „Okay, Gott – ich mache *das*, wenn *du* dafür *das* machst. Ich gebe dir diese Sache, wenn du sie mir dann so zurückgibst, wie ich es haben will." Er ist der Herr über das Universum, aber manchmal tun wir so, als könnten wir ihn manipulieren! Aber Gott kennt uns schon längst. Und er möchte, dass wir ihm vertrauen.

Gott möchte, dass wir ein erfülltes Leben haben. Er möchte uns täglich mit seiner verschwenderischen Liebe überschütten. Er ist nicht jemand, der uns Gutes vorenthält. Er möchte, dass wir in enger Gemeinschaft mit ihm leben – ganz einfach. Wenn wir das tun, sind wir frei – und das möchte er am allermeisten für uns. Ich kann mir keinen besseren Deal vorstellen!

Weitergedacht

In der sogenannten Weisheitsliteratur im Alten Testament findet man viele gute Ratschläge, zum Beispiel auch den: Nimm einfach das an, was Gott dir geben möchte, anstatt mit ihm zu handeln. Wir verstehen vielleicht nicht immer so ganz, was Gott in unserem Leben tut, aber wir können sicher sein, dass es ihm immer um das geht, was gut für uns ist.

Zum Weiterlesen: Prediger 5,17–20.

Mitten ins Leben

Wo liegt dein Schwerpunkt beim Beten? Bittest du Gott dann vor allem um Führung? Oder versuchst du eher, mit ihm zu handeln?

Achte beim Beten heute besonders darauf, dir bewusst zu machen, wie sehr du Gott brauchst.

Zum Weiterlesen: Psalm 119,124–125; Matthäus 7,7–11

9.
WONACH SEHNST DU DICH?

Ich sehne mich sehr danach,
deine Weisungen noch besser kennenzulernen.

PSALM 119,20

Denkanstoß

Eine der tollsten Sachen, die Gott seinen Kindern zum Genießen geschenkt hat, ist die große Palette an Nahrungsmitteln. Wenn ich auf Reisen bin, probiere ich gerne neue Gerichte aus. Außerdem koche ich selbst total gerne und habe in letzter Zeit viel Spaß daran gehabt, Paninis, Crêpes und verschiedene Sorten Teegebäck zuzubereiten. Sogar eine waschechte britische Teezeremonie habe ich neulich mit meinen Freunden durchgeführt! Zu meinen Lieblingsessen gehören Thai-Curry, mit Gemüse gefülltes Omelett und Joghurt.

Ich esse ziemlich gesund, weil ich irgendwann begriffen habe, dass es Konsequenzen hat, wenn ich einfach das esse, worauf ich gerade Lust habe. Ich versuche, das Richtige zu essen, obwohl ich längst nicht so diszipliniert bin, wie ich es gerne wäre. Ab und zu bin ich halt doch eine Naschkatze ... Wie die meisten Frauen esse ich dann meist mehr – und Sachen, die nicht wirklich gut für mich sind – vor allem dann, wenn ich gestresst bin oder mich nicht so ganz ausgeglichen fühle.

Geistlich gesehen ist es so: Wir sind, was wir essen. Wir werden zu dem, wovon wir uns ernähren und womit wir unsere Gedanken füttern. Manchmal versuchen wir, uns geistlich mit Junkfood über Wasser zu halten und wundern uns dann, wenn wir nicht weiterkommen oder nicht über unsere Probleme hinauswachsen. Unsere geistliche Nahrung finden wir in der Bibel. Manchmal bete ich: „Herr, hilf mir, der Versuchung zu widerstehen, meine Gedanken mit Sachen zu füttern, die für meine geistliche Entwicklung schädlich sind. Schenk mir einen großen Hunger nach dir."

Ich habe die Erfahrung gemacht, dass es außerordentlich hilfreich für mich ist, wenn ich in einem Tagebuch festhalte, was Gott mir beibringen will. Es verschafft mir Klarheit, meine Gedanken zu Papier zu bringen oder in den PC zu tippen. Das Schreiben hilft mir dabei, von Zeit zu Zeit zurückzuschauen und zu sehen, was ich gelernt und welche Fortschritte ich gemacht habe. Wenn Gott mich etwas Tiefgreifendes lehrt, schreibe ich es auf, damit ich es nicht vergesse. Auf diese Weise kann ich meine Gedanken mit Sachen füttern, die echt gesund sind.

Weitergedacht

Nachdem Gott die Israeliten aus Ägypten befreit hatte und die Menschen für eine Weile durch die Wüste gewandert waren, beschwerten sie sich bei Mose und verlangten nach dem Essen, das sie in Ägypten bekommen hatten. Zwar hatte Gott sie jeden Morgen mit Manna (dem Himmelsbrot) versorgt, aber ihrer Ansicht nach war das nicht genug. Sie hatten das langweilige Manna satt und wollten lieber Fleisch essen (siehe 3. Mose 11). Gott gefiel ihre Undankbarkeit überhaupt nicht. Die Menschen waren ganz und gar damit beschäftigt, sich über ihr Essen Sorgen zu machen, anstatt sich nach

Gott auszustrecken und zu begreifen, dass er sich um ihre Bedürfnisse kümmert.

Gott möchte, dass wir dankbar sind und uns zuallererst nach ihm ausstrecken. In 1. Petrus 2,2–3 (GN) steht: „Wie neugeborene Kinder nach Milch schreien, so sollt ihr nach dem unverfälschten Wort Gottes verlangen, um im Glauben zu wachsen und das Ziel, eure Rettung, zu erreichen."

Wenn wir mit unserer tiefsten Sehnsucht zu Gott kommen, wird er sie stillen!

Mitten ins Leben

Womit fütterst du deinen Geist? Mit Gedanken, über die sich Gott freuen kann? Sprich mit Gott über deine Sehnsucht nach ihm. Bitte ihn darum, diese Sehnsucht in dir zu stillen, und vertraue darauf, dass er es tun wird.

10.
KEINE ANGST

Gott ist Liebe, und wer in dieser Liebe bleibt, der bleibt in Gott und
Gott in ihm. (...) Wirkliche Liebe ist frei von Angst.

1. Johannes 4,16–18

Denkanstoß

Ich weiß, dass Gott nicht möchte, dass ich mir Sorgen machen muss
oder in Angst lebe, aber es hat Zeiten in meinem Leben gegeben, in
denen Angst eine ziemlich große Rolle gespielt hat – mit dem Ergebnis, dass ich nicht wirklich gelebt, sondern allenfalls überlebt habe.
Der „Überlebensmodus", in dem ich mich damals befand, bedeutete
für mich, mit Ach und Krach irgendwie klarzukommen, um nicht
völlig zusammenzubrechen. Der Löwenanteil meiner Energie ging
dafür drauf, eine aktuelle Herausforderung zu überleben – bis die
nächste kam. Ich habe lange gebraucht, um zu merken, dass das
nicht gerade die beste Einstellung zum Leben ist. Gott möchte nicht,
dass ich einfach nur „gerade so" überlebe. Er will vielmehr, dass ich
mit Leidenschaft für ihn und für andere lebe.

Manchmal bin ich sehr zögerlich gewesen, auf Jungs zuzugehen,
vor allem, weil ich befürchtete, verletzt zu werden oder anderen
wehzutun. Ich bin sehr froh über meine Berufung und meine Karriere als Musikerin, aber sie macht eine „normale Beziehung" fast unmöglich – und das ist der Grund, weshalb ich meiner Angst lange

Zeit auch gar nicht ins Auge sehen musste. Im Laufe der Zeit habe ich aber gelernt, mich anderen gegenüber verletzlich zu zeigen, und dabei auch das Risiko einzugehen, verletzt zu werden. So ziemlich jeder kennt die Angst davor, abgelehnt zu werden, und ich habe oft gespürt, wie sich diese Unsicherheit um mich legt. Aber in solchen Situationen versuche ich dann, daran zu denken, dass wahre Liebe die Angst vertreibt. Gott hat alles unter Kontrolle, und es gibt eigentlich keinen Grund, Angst zu haben, in diesem Bereich zu versagen, obwohl unser Gefühl manchmal etwas ganz anderes sagt.

Was ich auch immer recht schwierig finde, ist das Schreiben von Songs für ein neues Album. Ich möchte natürlich, dass sie richtig gut werden. Wenn ich nicht aufpasse, verbringe ich viel zu viel Zeit damit, mir den Kopf darüber zu zerbrechen, ob das auch klappen wird. Wenn wir ins Studio gehen, muss ich darauf vertrauen, dass Gott schon die ganze Zeit da war und die richtigen Leute zusammengestellt hat, die gemeinsam genau das machen, was er erreichen möchte. Manchmal hat mich der Produzent während der Aufnahmen in eine bestimmte Richtung gedrängt, und dabei Dinge in mir hervorgekitzelt, von denen ich gar nicht wusste, dass sie existieren! Ich musste meinen Wohlfühlbereich öfters verlassen, um alles aus mir herauszuholen und manche Dinge anders anzugehen ...

Egal, in welchem Bereich unseres Lebens wir die meisten Schwierigkeiten haben: Wir müssen den Mut aufbringen, unsere egoistischen Gedanken loszulassen, und Gott – dem ultimativen Produzenten – zu vertrauen. Er ist auf unserer Seite und möchte, dass wir aufblühen!

Weitergedacht

Wenn Angst nicht von Gott kommt, dann kommt sie vom Feind. Sie ist eine der gefährlichsten Waffen, die er benutzt, um uns zu entmutigen. Er setzt alles daran, dass wir uns auf unsere Ängste und Sorgen konzentrieren, anstatt Gott zu vertrauen, der uns liebt. Gott will uns durch den Propheten Jesaja Folgendes mitteilen: „Fürchte dich nicht, denn ich bin bei dir; hab keine Angst, denn ich bin dein Gott! Ich mache dich stark, ich helfe dir, mit meiner siegreichen Hand beschütze ich dich!" (Jesaja 41,10).

Mitten ins Leben

Bevor Jesus seine Jünger verließ, um zu seinem Vater im Himmel zurückzukehren, hat er ihnen versprochen: „Auch wenn ich nicht bei euch bleibe, sollt ihr doch Frieden haben. Meinen Frieden gebe ich euch; einen Frieden, den euch niemand auf der Welt geben kann. Seid deshalb ohne Sorge und Furcht!" (Johannes 14,27). Über welche Ängste und Sorgen solltest du heute mit Jesus sprechen? Gottes vollkommene Liebe kann dir dabei helfen, diese Ängste loszuwerden. Bitte ihn um Hilfe dabei, die negativen Gedanken zu überwinden, die der Feind in deine Gedankenwelt schleudert. Bring dein Vertrauen zu Gott zum Ausdruck, indem du deine Ängste und Sorgen loslässt.

11.

GOTT INFRAGE STELLEN

Ich vertraue dir ja – hilf mir doch gegen meinen Zweifel!
MARKUS 9,24

Denkanstoß

Ich habe eigentlich noch nie ernsthaft daran gezweifelt, dass das Christentum das Richtige für mich ist. Ich wollte meinen Glauben auch noch nie über Bord werfen. Aber ich habe oft an Gott gezweifelt und ihn gefragt: „Warum hast du das zugelassen? Was machst du da nur?" Oder: „Warum bist du so weit weg?" Je länger ich Christ bin, desto mehr wird mir klar, dass Gott mit meinen Fragen sehr gut umgehen kann. Er ist mit meiner Wut und meinen Verletzungen nicht überfordert.

Ich glaube, dass Gott immer wieder unsere Art zu denken verändert. Gott möchte, dass wir ihm unser ganzes Herz ausschütten, und ihm nicht nur die Bereiche anvertrauen, von denen wir glauben, dass er sich dafür interessiert. Ich versuche, mir ein Beispiel an David zu nehmen, von dem viele Psalmen in der Bibel stammen: Er hat sehr oft zunächst seine Angst und seine Wut herausgeschrien, aber am Ende schließlich Worte gefunden, mit denen er Gott gepriesen hat. – Oft meinen wir, wir müssten ständig positiv denken und so tun, als sei das Leben immer toll, obwohl es das gar nicht immer ist. Ja, das Leben ist eine Herausforderung! Mir fällt dazu ein, dass von

David gesagt wird, dass er ein „Mann nach dem Herzen Gottes" war, der Gott all die krassen Fragen einfach gestellt hat.

Auch im Buch Hiob wird Gott mit einer Menge an Fragen konfrontiert. Hiob war ein gerechter und gottesfürchtiger Mann. Dennoch gab Gott dem Satan die Erlaubnis zu testen, ob Hiob Gott wirklich treu bleiben würde. Hiob hatte sieben Söhne und drei Töchter, und eines Tages starben sie, alle zur selben Zeit. Man kann sich das gar nicht vorstellen! Und vielleicht ist es noch schwieriger, Hiobs Reaktion auf diese Katastrophe zu verstehen. Als Ausdruck tiefer Trauer zerriss er sein Gewand, rasierte sich den Kopf kahl, fiel voller Ehrfurcht zu Boden und sagte (Hiob 1,20): „Nackt bin ich zur Welt gekommen, und nackt verlasse ich sie wieder. Herr, du hast mir alles gegeben, du hast mir alles genommen, dich will ich preisen!" (Ich singe sehr gerne das Anbetungslied „Blessed be Your Name" von Matt und Beth Redman, das auf diesem Vers basiert.) Aber ehrlich: Ich verstehe oft nicht, warum Gott bestimmte Dinge geschehen lässt – und Hiob hat das auf ziemlich dramatische Weise erlebt. Doch Gott bleibt immer noch Gott. Er kann mit unseren Bedürfnissen umgehen, aber auch mit unseren Klagen. Ein Leben zu führen, das Gott ehrt, bedeutet also auch, offen und ehrlich mit dem umzugehen, was sich in unserem Herzen abspielt.

Weitergedacht

Für Hiob ging es erst mal richtig bergab, bevor es schließlich wieder besser wurde. Er bekam schmerzhaften Ausschlag am ganzen Körper, und seine Frau redete auf ihn ein, er solle doch Gott einfach verfluchen und sterben. Drei seiner Freunde besuchten ihn um herauszufinden, warum er so sehr leiden musste. Sie versuchten, Hiobs Schicksal zu erklären und boten ihm Trost an. Aber ihr Rat war nicht wirklich hilfreich für Hiob. Dann, 35 Kapitel später und nach zahlreichen Dialogen zwischen Hiob und seinen Freunden, spricht Gott. Er fragt: „Wer bist du, dass du meine Weisheit anzweifelst mit Worten ohne Verstand? Tritt mir gegenüber wie ein Mann, und gib mir Antwort auf meine Fragen!" (Hiob 38,2–3).

Wenn du an Gott zweifelst, dann mach dir Folgendes bewusst: Auch wenn du das Leben nicht bis in alle Einzelheiten verstehen kannst, hat dich Gott, der alles geschaffen hat, was du siehst, nicht allein gelassen. Er hat immer noch die Kontrolle.

Mitten ins Leben

Welche Fragen möchtest du Gott gern stellen? Nimm dir ein paar Minuten Zeit und lies Hiob 38–41. Vielleicht kommen dir deine Fragen danach gar nicht mehr so wichtig vor. Aber selbst wenn: Sei Gott gegenüber ehrlich. Sprich aus, was du fühlst und wie es dir geht. Er kann damit umgehen.

12.

WOMIT FÜTTERST DU DEIN HIRN?

Deshalb trennt euch von aller Schuld und allem Bösen. Nehmt
vielmehr bereitwillig Gottes Botschaft an, die er wie ein Samenkorn
in euch gelegt hat. Sie hat die Kraft, euch zu retten.

JAKOBUS 1,21

Denkanstoß

Als meine Geschwister und ich noch kleiner waren, stellten meine
Eltern ein Schild auf unseren Fernseher, das uns ermahnte, darauf
zu achten, womit wir unser Hirn füttern.

Worüber denkst du zurzeit nach? Wir können uns eine Menge
Ärger ersparen, wenn wir darauf achten, womit wir unseren Kopf
vollstopfen. In unserem so genannten Medienzeitalter kann das
täglich eine Herausforderung sein. Welche Zeitschriften liest du?
Was schaust du dir im Internet an? Welche TV-Sendungen oder
Filme flimmern über deinen Bildschirm und welche Musik hörst du?
Was wir in Herz und Hirn hineinlassen, wird Auswirkungen auf unser Leben haben. Gegen den Strom der Zeit zu schwimmen, ist nicht
einfach. Aber wir können es schaffen, wenn wir uns mit dem beschäftigen, was Gott sich von uns wünscht, und ihn darum bitten,
unsere Gedanken zu schützen und zu erneuern.

Wenn in deinem Kopf Bilder herumgeistern, die du gern loswer-
den würdest, dann bitte Gott doch einfach darum, sie zu löschen.

Bitte ihn ernsthaft um eine Art „Hausputz" in deinem Leben. In Psalm 103,11–12 heißt es: „So fern, wie der Osten vom Westen liegt, so weit wirft Gott unsere Schuld von uns fort!" Er hat unsere Fehler aus der Vergangenheit aus seiner Erinnerung gelöscht. Jetzt ist es Zeit weiterzugehen. Die Vergangenheit können wir nicht ändern, aber wir können die Zukunft mitbestimmen – und wir wissen, wer sie in seiner Hand hält!

Weitergedacht

Stell dir vor, du hast zwei Hunde, die du jeden Tag fütterst. Du kannst dich entscheiden, welchem Hund du mehr zu fressen gibst – deinen guten oder deinen schlechten Gedanken. In Römer 8,5–9 heißt es: „Nun aber seid ihr nicht länger eurem selbstsüchtigen Wesen ausgeliefert, denn Gottes Geist bestimmt euer Leben – schließlich wohnt er ja in euch!" Du hast jeden Tag neu die Wahl zu entscheiden, welchen „Hund" du füttern willst: den „guten" oder den „bösen". Der, der das meiste Futter bekommt, wird stärker werden – er wird dein Denken bestimmen.

Mitten ins Leben

Gott hat uns zahlreiche „Waffen" an die Hand gegeben, um böse Gedanken besiegen zu können. Denk einmal über die folgenden Verse nach. So wirst du mehr und mehr Übung darin bekommen, Gottes Gedanken zu denken.

* Böses und Gemeines will ich nicht einmal ansehen. (...) Ich will schlechten Gedanken keinen Raum in mir geben und mich von allem Bösen fernhalten. (Psalm 101,3–4; NL)

- Tief präge ich mir dein Wort ein, damit ich nicht vor dir schuldig werde. (Psalm 119,11)

- Passt euch nicht dieser Welt an, sondern ändert euch, indem ihr euch von Gott völlig neu ausrichten lasst. Nur dann könnt ihr beurteilen, was Gottes Wille ist, was gut und vollkommen ist und was ihm gefällt. (Römer 12,2)

13.

AUF GOTT VERTRAUEN

Setzt euer Vertrauen nicht auf Männer, die Einfluss haben und
Macht ausüben! Sie sind vergängliche Menschen wie ihr und können
euch nicht erretten. Sie müssen sterben, und mit ihnen vergehen
ihre Pläne. Glücklich aber ist der Mensch, der seine Hilfe von dem
Gott Jakobs erwartet! Glücklich ist, wer seine Hoffnung auf den
Herrn setzt!

PSALM 146,3–5

Denkanstoß

Als ich vor ein paar Jahren gebeten wurde, bei einer Bibelarbeit im
Weißen Haus eine Andacht zu halten, hatte ich erst mal keinen blas-
sen Schimmer, was ich sagen sollte. Auf dem Rückflug von einer anderen Veranstaltung – das war in der Woche vor dem Treffen im
Weißen Haus – betete ich dafür, dass Gott mir eine Idee gibt. Und
während dieses kurzen Fluges wurde mir plötzlich klar, was er mir
aufs Herz legen wollte. Es ging um „geistliche Kampfführung" – etwas, womit sich auch Führungskräfte auseinandersetzen sollten.
Ich hatte den Eindruck, über Ablenkung, Entmutigung und Unzu-
friedenheit sprechen zu müssen – drei Bereiche, in denen wir immer
wieder unter Beschuss geraten.

Als ich dann meine Andacht im Weißen Haus hielt, war Gottes
Nähe deutlich spürbar, und es war offensichtlich, dass er in meiner

Schwäche stark ist. Ich hatte vorher mit Gott gesprochen und ihm gesagt: „Ich fühle mich wirklich nicht qualifiziert für diese Aufgabe. Ich fühle mich schwach und überfordert. Sprich du durch mich und mach mich zu deinem Sprachrohr." Die Atmosphäre bei diesem Gebetstreffen war unübersehbar von Gott geprägt. Ich werde nie vergessen, wie klar sich Gott mir an diesem Tag gezeigt hat.

Gott mag es, wenn wir seine Nähe suchen und begreifen, dass wir ganz von ihm abhängig sind. Unsere Suche nach innerer Reinheit fängt damit an, dass wir unsere Gedanken und unseren Willen unserem himmlischen Vater unterordnen. Wir müssen bereit sein zu sagen: „Okay, Gott. Ich schaff das nicht alleine. Hilf du mir bitte." Wir sollten uns dann nicht mehr auf unsere eigenen Gedanken und Fähigkeiten verlassen, sondern allein auf Jesus.

Gott weiß, dass alles, in das wir für gewöhnlich unser Vertrauen setzen, uns letztlich nicht tragen wird. Gott ist unsere Sicherheit, egal, wie schwierig unser Leben gerade aussehen mag! Das gibt mir Hoffnung ... für jetzt und für die Zukunft. Alles wird sich verändern, aber Gott bleibt so, wie er ist. Das macht mir Mut, ihm mein ganzes Vertrauen zu schenken und ihm zu sagen: „Gott, nimm alles, was ich bin."

Weitergedacht

Manchmal fällt es uns leichter, unsere Hoffnung auf Menschen, Beziehungen, Besitz oder Geld zu setzen, anstatt auf Gott. Aber Gott ruft uns dazu auf, einzig und allein ihm zu vertrauen. Je mehr wir uns ihm mit Haut und Haar hingeben, desto besser werden wir erkennen, was er in unserem Leben Gutes tut.

Mitten ins Leben

Erzähle Gott davon, in welche Dinge du deine größte Hoffnung setzt. An welcher Stelle deiner „Vertrauensliste" steht Gott? Sprich ein einfaches Gebet, in dem du Gott sagst, dass du auf seine Hilfe vertrauen willst, weil du es alleine nicht schaffen kannst. Nimm ihn beim Wort. Und dann schau mal, was passiert!

14.

NACH DER WAHRHEIT SUCHEN

So spricht der Herr: „Rufe zu mir, dann will ich dir antworten und
dir große und geheimnisvolle Dinge zeigen,
von denen du nichts weißt!"

JEREMIA 33,2–3

Denkanstoß

Ich bin mit Sicherheit wie die meisten Leute, die in einer christlichen Gemeinde aufgewachsen sind: Vieles am Christsein übernehmen wir einfach von unseren Eltern. Oft führen erst einschneidende Ereignisse dazu, dass man sagt: „Ich muss das für mich *selbst* rausfinden!" Vor ein paar Jahren hab ich angefangen, mehr über Apologetik zu lernen. (Die Apologetik beschäftigt sich damit, den Glauben und das, was Jesus von sich gesagt hat – nämlich, dass er die Wahrheit und das Leben ist – zu verteidigen.) Ich hatte den Wunsch, besser über meinen Glauben reden zu können, ihn quasi zu verteidigen – nicht nur vor Leuten, die Jesus vielleicht noch nicht kennen und mich deshalb herausfordern könnten, sondern auch vor mir selbst. Es gab für mich noch viele unbeantwortete Fragen – unter anderem auch dazu, was es bedeutet, Gott von ganzem Herzen zu vertrauen.

Ich habe mich dann richtig in die Materie vertieft, viel darüber gelesen und meine Fragen mit einem Mentor und Gleichgesinnten durchgesprochen. Wie ein Schwamm habe ich alles in mich aufgesaugt. Für mein geistliches Wachstum war das ein Riesenschub, weil Glaube und Leben sich sehr stark berührt haben.

Ich finde toll, was über die Juden in Beröa im Neuen Testament berichtet wird. Nachdem sie Paulus' Predigten gehört hatten, nahmen sie „die Botschaft mit großer Bereitwilligkeit auf und studierten täglich die Heiligen Schriften, um zu sehen, ob das, was Paulus sagte, auch zutraf" (Apostelgeschichte 17,11; GN). Daraufhin fingen viele von ihnen an, Jesus nachzufolgen. Die Leute in Beröa überprüften also zunächst, ob das stimmte, was Paulus da erzählte. Gott möchte nicht, dass wir blind irgendwelchen Ideen hinterherlaufen, die andere uns weismachen wollen – egal, ob es die Eltern, Pastoren, Lehrer oder Freunde sind. Es kommt ihm darauf an, dass wir die Gültigkeit seiner Worte für uns selbst überprüfen, sie hinterfragen. Keine Sorge: Gott hält das aus! Er kommt mit all unseren Fragen klar. Und wenn wir ernsthaft nach seiner Wahrheit suchen, wird er uns auch Antworten geben.

Weitergedacht

Die zwölf Jünger, die Jesus um sich gesammelt hatte, haben drei ganze Jahre mit ihm verbracht – und ihm ständig viele Fragen gestellt, um für sich selbst Klarheit darüber zu bekommen, was Jesus sie gelehrt hat. Was ihr Meister von sich gegeben hat, war für die zwölf Männer manchmal ganz schön verwirrend, weil sie genau das Gegenteil von dem aussagten, was sie nach dem jüdischen Gesetz gelernt hatten. Manchmal benutzte Jesus eine Sprache, die sie nicht verstehen konnten. Gegen Ende seiner Zeit auf der Erde sagten sie schließlich: „Wir haben nun erkannt, dass du alles weißt, noch ehe wir dich fragen. Darum glauben wir dir, dass du von Gott gekommen bist" (Johannes 16,30).

Als Jesus den Jüngern nach seiner Auferstehung zum ersten Mal erschien, war Thomas nicht dabei (siehe Johannes 20,19–24). Als die anderen ihm erzählten, dass sie Jesus gesehen hatten, antwortete er: „Das glaube ich nicht! Ich glaube es erst, wenn ich seine durchbohrten Hände gesehen habe. Mit meinen Fingern will ich sie fühlen, und meine Hand will ich in die Wunde an seiner Seite legen" (Vers 25). Er wollte einen handfesten Beweis für die Auferstehung. Eine Woche später erschien Jesus den Jüngern wieder – und dieses Mal war auch Thomas unter ihnen. Nachdem Jesus ihn ermutigt hatte ihn anzufassen, rief dieser voller Überzeugung: „Mein Herr und mein Gott!" (Vers 28). Wenn wir mit unseren Fragen zu Gott kommen, dann wird er sich uns zeigen. Und wir werden erkennen, wer er ist – so, wie auch Thomas das erkannt hatte!

Mitten ins Leben

Hast du dich schon mal in die Bibel vertieft, um selbst Antworten auf deine Fragen zu finden? Oder glaubst du blind, was du über Gott gelernt hast? Mach dich auf deinen eigenen Weg zu Gott! Vielleicht kennst du ja auch Menschen, die die Wahrheit finden möchten, aber nicht wissen, dass sie im Grunde nach einer lebendigen Beziehung zu Jesus suchen. Dann überleg mal für dich, wie du ihre Fragen offen und ehrlich beantworten und ihnen zeigen kannst, wo die Quelle der Wahrheit ist.

15.

HEILIG SEIN OHNE HEILIGENSCHEIN

Liebt nicht diese Welt, und hängt euer Herz nicht an irgendetwas,
das zu dieser Welt gehört. Denn wer die Welt liebt, kann nicht
zugleich Gott, den Vater, lieben.

1. JOHANNES 2,15

Denkanstoß

Es kann schnell passieren, dass wir uns dem Denken anpassen, das gerade „in" ist. Worum es auch geht – die Einstellung unserer Politiker zur Abtreibung, das Zusammenleben vor der Ehe oder die Annahme, dass alle Religionen zum gleichen Ziel führen – Christen werden oft als intolerant angesehen, weil sie sich nicht der Mehrheit anpassen. Gott ist es wichtig, dass wir nach ihm und seinem Willen fragen. Er möchte, dass unser Denken unverfälscht und klar ist. Auch wenn wir in dieser Welt leben müssen, möchte Gott nicht, dass wir uns immer und überall anpassen, nur weil es gerade „angesagt" ist. Das ist eine große Aufgabe, aber Gott wünscht sich, dass wir radikal anders denken als der Rest der Welt.

Leute bewundern uns (auch wenn sie es vielleicht nicht zugeben), wenn wir uns für Reinheit stark machen und authentisch leben – zum Beispiel, wenn sie sehen, dass wir keine Drogen, keinen Alkohol oder Sex brauchen, um uns wertvoll zu fühlen. Wenn andere die Liebe, die Freude und den Frieden Gottes an uns sehen, dann werden sie sich auch danach sehnen, was Gott uns geschenkt hat. Am eindrücklichsten und überzeugendsten sprechen wir zu Nicht-Christen, wenn wir die Liebe Gottes in die Tat umsetzen. Das, was Jesus in uns sichtbar machen will, ist am deutlichsten, wenn wir nicht nur über Gott reden, sondern unseren Glauben rund um die Uhr leben. Ich versuche, täglich zu beten: „Gott, zeige mir, wie ich ein Leben führen kann, das dir gefällt."

Weitergedacht

Das Wort „heilig" hört man in unserer Kultur eher selten. Die ursprüngliche Bedeutung des Wortes ist: „abgesondert, einem besonderen Zweck geweiht". Der Apostel Petrus schreibt: „Weil ihr Gottes Kinder seid, gehorcht ihm und lebt nicht mehr wie früher, als ihr euch von euren Leidenschaften beherrschen ließt und Gott noch nicht kanntet. Der heilige Gott hat euch schließlich dazu berufen, ganz zu ihm zu gehören. Danach richtet euer Leben aus!" (1. Petrus 1,14–15).

Mitten ins Leben

Was hält dich davon ab, anders zu denken und zu leben als die Welt um dich herum? In welcher Hinsicht wärst du gerne anders als andere? Mach dir ein paar Notizen, rede dann mit Gott über deine Wünsche und bitte ihn, dir die Kraft zu geben, heute ein „abgesondertes" Leben zu führen.

16.

DENKEN WIE EIN KIND

Ihr seid Gottes geliebte Kinder, daher sollt ihr in allem seinem Vorbild folgen. Geht liebevoll miteinander um, so wie auch Christus euch seine Liebe erwiesen hat. Aus Liebe hat er sein Leben für uns gegeben. Und Gott hat dieses Opfer angenommen.

EPHESER 5,1–2

Denkanstoß

Wenn nicht in erster Linie Musik meine Berufung wäre, würde ich mich wahrscheinlich in irgendeiner Weise in der Kinderarbeit engagieren. Ich habe schon immer ein Herz für Kinder gehabt, weil sie so unschuldig und voller Glauben und Staunen sind. Als ich klein war, habe ich davon geträumt, in einem Waisenhaus zu arbeiten und Kindern in Not zu helfen. Einen Teil dieses Traums habe ich durch Kinderpatenschaften im Rahmen von *Compassion International* erfüllen können. Außerdem arbeite ich mit der rumänischen Hilfsorganisation *City of Hope* zusammen. Ich habe selbst miterlebt, wie die Mitarbeiter dort Kindern helfen, die in der Kanalisation leben. Das war einfach unglaublich! Sie bringen die Hoffnung von unserem himmlischen Vater zu denen, die diese Hoffnung ganz dringend brauchen.

Gott sehnt sich danach, unser „Abba" – das ist das hebräische Wort für „Papa" – zu sein. Er möchte nicht nur formal unser Vater sein, sondern unser ganz persönlicher Papa, der uns nahe ist! Er wünscht sich, dass wir mit offenen Armen auf ihn zurennen und uns voller kindlichem Glauben und Vertrauen nach ihm ausstrecken. Paulus schreibt: „Alle, die sich vom Geist Gottes regieren lassen, sind Kinder Gottes. Denn der Geist Gottes, den ihr empfangen habt, führt euch nicht in eine neue Sklaverei, in der ihr wieder Angst haben müsstet. Er macht euch vielmehr zu Gottes Kindern. Jetzt können wir zu Gott kommen und zu ihm sagen: ‚Vater, lieber Vater!' Gottes Geist selbst gibt uns die innere Gewissheit, dass wir Gottes Kinder sind" (Römer 8,14–16). Wir können „Abba, Vater" sagen, weil wir zu seiner Familie gehören.

Ist dir schon mal aufgefallen, dass kleine Kinder manchmal ihren Vater – sein Verhalten, seinen Tonfall und seine Gesten – nachmachen? Gott möchte, dass wir ihn nachahmen: das lieben, was er liebt; das hassen, was er hasst; anderen in dem Maß geben, wie er uns beschenkt. Wenn wir älter werden, verlieren wir oft unsere kindliche Unschuld und Einfachheit. Das Leben wird kompliziert, und weil wir uns um so viele Dinge kümmern müssen, begegnen wir nicht mehr mit dem einfachen Glauben eines Kindes. Gott aber sagt: „Werdet wieder wie kleine Kinder und vertraut mir."

Weitergedacht

Jesus war nie zu gestresst, um Zeit mit den Kleinsten zu verbringen und mit ihnen zu spielen. Als die Jünger die Kinder wegschickten, die man zu Jesus bringen wollte, protestierte er: „Lasst die Kinder zu mir kommen und haltet sie nicht zurück, denn für Menschen wie sie ist Gottes neue Welt bestimmt" (Matthäus 19,14).

Als die Jünger zu Jesus kamen und ihn fragten: „Wer ist wohl der Wichtigste in Gottes neuer Welt?" (Matthäus 18,1), hat Jesus sie ganz schön überrascht. Er rief ein kleines Kind zu sich, stellte es in die Mitte und sagte dann: „Das will ich euch sagen: Wenn ihr euch nicht ändert und so werdet wie die Kinder, kommt ihr nie in Gottes neue Welt. Wer aber so klein und demütig sein kann wie ein Kind, der ist der Größte in Gottes neuer Welt" (Matthäus 18,3–4).

Mitten ins Leben

Beobachte einmal die Kinder in deiner Umgebung und versuche, von ihnen zu lernen. Was bedeutet es, dass Gott dein „Abba", dein Vater, ist? Danke ihm dafür, dass er dich in seine Familie aufgenommen hat. Zeige ihm, dass du ihm vertraust, und bitte ihn darum, heute für dich zu sorgen.

17.

TEAMWORK

Die Gläubigen lebten wie in einer großen Familie. Was sie besaßen, gehörte ihnen gemeinsam. Wer ein Grundstück oder anderen Besitz hatte, verkaufte ihn und half mit dem Geld denen, die in Not waren.
APOSTELGESCHICHTE 2,45

Denkanstoß

Hast du schon mal jemanden sagen hören: „Ich brauche keine Kirche. Da gibt es viel zu viele Heuchler. Ich kann auch so, für mich alleine, an Gott glauben."? Es stimmt zwar, dass wir auch alleine an Gott glauben können, aber Gott hat uns für Gemeinschaft geschaffen. Er weiß, wie sehr wir einander brauchen. Keiner von uns hat sein Leben komplett im Griff. Wir brauchen andere Menschen, damit wir mit ihnen teilen können, was uns gerade bewegt. Wir sehnen uns im tiefsten Inneren danach, dass sich andere mit uns freuen und mit uns fühlen.

Als Jesus seine Jünger zum ersten Mal losschickte, um das Evangelium weiterzuerzählen, sandte er sie jeweils in Zweier-Grüppchen aus. So hatten sie die Möglichkeit, einander immer wieder zu ermutigen.

Ich habe schon oft erlebt, wie beeindruckend es sein kann, wenn Christen zusammenkommen, um Menschen mit der Guten Nachricht zu erreichen. Plattenfirmen, Gemeindeleiter, christliche TV-

Sender, Redaktionen von Zeitschriften und Zeitungen, Festivalveranstalter, Bühnenmanager, Agenten und Bandmanager ... haben alle ein gemeinsames Ziel: So viele Menschen wie möglich mit der Botschaft von Jesus zu erreichen. Wenn all diese Leute als Team zusammenarbeiten, passieren große Dinge. Zusammen können wir die Liebe von Jesus besser weitergeben als wenn wir es alleine versuchen würden.

Vielleicht ist ein Team nie so wichtig wie in Krisenzeiten. Als vor ein paar Jahren in Südostasien ein Tsunami wütete und dort eine verheerende Verwüstung anrichtete, vereinten Leute auf der ganzen Welt ihre Kräfte, um den Menschen dort in ihrer Not zu helfen. Gemeinsam sind wir stark. Gott kann auch aus einer Tragödie etwas Gutes machen, und häufig sind seine Leute Teil der Lösung. Wir sind eine seiner vielen Möglichkeiten, anderen Trost und Frieden zu bringen. Wir brauchen einander – in guten wie in schlechten Zeiten!

Weitergedacht

Besonders die ersten Christen konnten sich kein Einzelgängertum leisten, weil sie unter Verfolgung litten. Da musste man zusammenhalten, um sich vor Gefahren – so gut es ging – schützen und das Anliegen Gottes voranbringen zu können. Auch wir sind ein Team. „Ihr alle seid der eine Leib Christi, und jeder Einzelne von euch gehört als ein Teil dazu" (1. Korinther 12,27). Jeder wird mit seinen Fähigkeiten gebraucht.

Zum Weiterlesen: 1. Korinther 12,12–31.

Mitten ins Leben

Wenn du an die Gemeinschaft von Christen denkst, in der du bist – deine Gemeinde, dein Jugendkreis: Womit kommst du überhaupt nicht klar? Wo gibt es Reibereien im Miteinander? Und an welchen Punkten tut die Gemeinschaft richtig gut? Gibt es Situationen, in denen du der verlängerte Arm von Jesus sein kannst?

18.

BESITZT DICH DEIN BESITZ?

Zerbrecht euch also nicht mehr den Kopf mit Fragen wie:
„Werden wir genug zu essen haben? Und was werden wir trinken?
Was sollen wir anziehen?" Mit solchen Dingen beschäftigen sich nur
Menschen, die Gott nicht kennen. Euer Vater im Himmel weiß doch
genau, dass ihr dies alles braucht. Sorgt euch vor allem um Gottes
neue Welt, und lebt nach Gottes Willen! Dann wird er euch mit
allem anderen versorgen.

MATTHÄUS 6,31–33

Denkanstoß

Sehr viele Menschen verbringen ihre Zeit damit, ständig neuen Besitz anzuhäufen. Egal, ob es um das Traumhaus, das coolste Auto oder die schicksten und teuersten Klamotten geht – diese Leute sind nur noch mit ihrer Gier nach „größer" und „besser" beschäftigt. Gott lassen sie dabei komplett außen vor. Im Gleichnis vom Bauern, der Getreide aussät, warnt Jesus davor, dass diese Gier nach Reichtum und Ansehen vollständig von uns Besitz ergreifen kann, sodass jede Möglichkeit, Frucht für ihn zu tragen, im Keim erstickt wird.

Zu meinen Lieblingsbesitztümern gehören definitiv mein Handy und mein Computer, zwei Dinge, ohne die ich nicht leben könnte. Ich schreibe dauernd Textnachrichten an meine Freunde, wenn ich unterwegs bin. Ein großer Teil meiner Welt befindet sich auf meinem Mac – dank iPhoto, iTunes und E-Mail. Auf meinem Laptop sind so viele gute Erinnerungen gespeichert! Und was Klamotten angeht, sind ausgefallene Jacken wohl mein größtes Laster. Aber was ich am meisten vermissen würde, wenn man sie mir wegnehmen würde, das sind Bücher. Meine Bibel, christliche Romane und Sachbücher sind wahnsinnig wichtig für mich. Ich möchte ständig im Glauben wachsen, und diese Bücher helfen mir dabei.

Besitz an sich ist nichts Schlechtes. Aber wenn er uns besitzt, gibt es Probleme. Es kommt alles auf unsere Einstellung gegenüber den Dingen an, in die wir Zeit und Geld investieren. In unserer Kultur ist Gier ein großes Problem. Fernsehen und Zeitschriften bombardieren uns permanent mit Werbung, die uns auffordert, immer mehr zu kaufen. Uns wird eingeredet, dass wir das Neueste, das Beste und das Teuerste brauchen. Wir müssen mit dieser Herausforderung leben lernen. Jesus ruft uns dazu auf, uns zuerst nach ihm auszustrecken – dann wird er sich um den Rest kümmern.

Weitergedacht

Wie sollen wir nun mit unserem Besitz umgehen? Jesus hat dazu eine Menge zu sagen. Ihm war bewusst, wie sehr unser Herz an den Dingen hängt, die wir besitzen. Deshalb fordert er uns auf:

- Häuft in dieser Welt keine Reichtümer an! Ihr wisst, wie schnell Motten und Rost sie zerfressen oder Diebe sie stehlen! Sammelt euch vielmehr Schätze im Himmel, die unvergänglich sind und die kein Dieb mitnehmen kann. Wo nämlich eure Schätze sind, da wird auch euer Herz sein. (Matthäus 6,19–21)

- Niemand kann zwei Herren gleichzeitig dienen. Wer dem einen richtig dienen will, wird sich um die Wünsche des anderen nicht kümmern können. (...) Auch ihr könnt nicht gleichzeitig für Gott und das Geld leben. (Matthäus 6,24)

- Ihr seht, wie dumm es ist, auf der Erde Reichtümer anzuhäufen und dabei nicht nach Reichtum bei Gott zu fragen. (Lukas 12,21; NL)

Mitten ins Leben

Gibt es Schätze, die dir sehr wichtig sind, von denen du aber weißt, dass sie vielleicht schon morgen im Müll landen werden? Wenn dein Herz an Dingen hängt, sprich mit Gott darüber. Wie kannst du ihm die Verantwortung über das, was du hast, übergeben? Wie kannst du Jesus zeigen, dass er bei dir an erster Stelle steht?

19.

ZEIT FÜR EINE VERÄNDERUNG

*Gottes Geist will euch durch und durch erneuern. Zieht das neue
Leben an, wie ihr neue Kleider anzieht. Ihr seid neue Menschen
geworden, die Gott selbst nach seinem Bild geschaffen hat.
Ihr gehört zu Gott und lebt so, wie es ihm gefällt.*
EPHESER 4,23–24

Denkanstoß

Einmal unterhielt ich mich in der Küche des Bauernhauses, das meiner Familie gehört, mit meinem Bruder Luke. Wir sprachen über unseren Wunsch, Gott näher zu kommen und tiefer mit ihm verbunden zu sein. Wir waren uns einig, dass es leicht ist, etwas *über* Gott zu lernen, ohne ihn dabei selbst ganz persönlich kennenzulernen. Wir leben in einer Zeit, in der es sehr einfach ist, schnell an Informationen zu kommen, vor allem über Social Media. Anhand weniger Mausklicks sind wir in der Lage, alles Mögliche über eine bestimmte Person herauszufinden, ohne sie wirklich persönlich zu kennen.

Nicht das nackte Wissen über Gott, sondern die persönliche Beziehung zu ihm ist der Schlüssel zum Leben. Wenn du zu ihm kommst, kann er dich verändern. Er interessiert sich nicht nur für deine Vergangenheit, sondern auch für deine Zukunft. Er kann sogar deine Einstellungen und Verhaltensweisen ändern, auch wenn dir das noch so schwierig erscheint. Alles fängt mit deiner Bereitschaft an, dich von ihm verändern zu lassen.

In der Bibelstelle auf Seite 65 (Epheser 4,23 f.) erklärt Paulus den Leuten in der Gemeinde von Ephesus: Ihr habt zwar die Wahrheit über Jesus gehört, doch um eine bleibende Veränderung zu erreichen, ist es nötig, dass ihr dem Geist Gottes erlaubt, in euch zu wohnen und euer Denken zu verändern. So wird die sogenannte „neue Natur", die nach dem Ebenbild Gottes geschaffen ist, auch für andere sichtbar. Ja, es kann ziemlich anstrengend sein, sich erneuern zu lassen, aber das Endergebnis ist es wert: ein Leben in Freiheit und voller Zuversicht.

Weitergedacht

Eines der besten Beispiele für einen Menschen, der eine 180-Grad-Wende gemacht hat, ist der Apostel Johannes. Er hat selbst erlebt, wie radikal sich seine Gedanken und Ziele verändert haben. Als Jesus ihn und seinen Bruder Jakobus aufrief, ihm zu folgen, bezeichnete er sie passenderweise als „Donnersöhne" (Markus 3,17), was folgende Begebenheit sehr gut illustriert: Eines Tages kamen Jesus und seine Jünger durch ein Dorf in Samarien, aber die Leute dort hießen sie nicht willkommen. Jakobus und Johannes fragten Jesus, ob sie Feuer vom Himmel herbeirufen und die Leute töten sollten. Diese derben Fischer gehörten offenbar nicht gerade zu den sanftmütigsten Leuten ...

Aber nachdem Johannes etwas mehr als drei Jahre mit Jesus unterwegs gewesen war, wurde er milder und entwickelte eine total neue Einstellung. Er wurde bekannt als der Jünger, den Jesus besonders lieb hatte. Im Johannesevangelium und in seinen drei Briefen findet man oft die Ermahnung, „einander zu lieben". Johannes ist ein lebendiges Beispiel dafür, was in 2. Korinther 5,17 steht:

„Gehört jemand zu Christus, dann ist er ein neuer Mensch. Was vorher war, ist vergangen, etwas Neues hat begonnen."

Mitten ins Leben

Brauchst du in irgendeinem Bereich deines Lebens eine Veränderung? Wo brauchst du eine komplette Erneuerung durch den Geist Gottes? Sprich mit Gott darüber und bitte ihn darum, dein Denken, deine Absichten, Ziele und Angewohnheiten zu verändern.

20.

EINE VISION FÜR DEIN LEBEN

Doch für euch, meine lieben Freunde, ist der Glaube, den
Gott euch selbst geschenkt hat, wie ein festes Fundament:
Baut euer Leben darauf!

JUDAS 1,20

Denkanstoß

Vor ein paar Jahren habe ich eine Art Leitbild für mein Leben formuliert und aufgeschrieben: „Ich bin eine Frau, die Gott sehr liebt.
Jesus ist mein bester Freund und der Mittelpunkt meines Lebens.
Ich werde jedem, der es hören will, von ihm erzählen: durch Musik,
durch öffentliches Bekenntnis, in Gesprächen oder durch die Art,
wie ich lebe."

Ich möchte leidenschaftlich für Gott leben und alles weitere in
meinem Leben soll aus dieser Leidenschaft entstehen. Ich habe die
Möglichkeit bekommen, durch meine Arbeit Menschen dazu zu ermutigen, voll und ganz für Gott zu leben. Wenn er mich in Zukunft
einen anderen Weg führt, werde ich ihm gerne folgen, denn mein
größtes Ziel im Leben ist es, im Mittelpunkt seines Willens zu sein.

Das sechste Kapitel des Galaterbriefes hat mir sehr dabei gehol-
fen, über meine Lebensziele und mein Verhalten nachzudenken. In
Vers 3 steht, dass wir nicht von uns selbst eingenommen sein sollen:
„Wer sich einbildet, besser zu sein als die anderen, der betrügt sich

selbst." Meine Möglichkeit, mich vor einem solchen Denken zu schützen, ist, mit jemandem zu reden, der mir auch unbequeme Fragen über mein Leben stellen darf. Sehr wichtig ist mir auch die Zeit mit Gott und das Lesen in der Bibel. Das hilft mir ganz sicher dabei, echt und bodenständig zu bleiben und ganze Sache mit Gott zu machen.

Ich denke, Gott möchte auch, dass wir nicht einfach blind dem Vorbild anderer folgen oder etwas tun, bloß weil alle anderen es auch machen. Gott will, dass wir *wir selbst* sind. Ihm liegt alles daran, dass wir von ihm abhängig sind und uns nicht an seinem Willen vorbei einfach in Dinge hineinstürzen. Wenn wir ihn nach seinem Willen in einer bestimmten Sache oder vor einer wichtigen Lebensentscheidung fragen, dann wird er antworten und uns deutlich machen, was am besten für uns ist.

Weitergedacht

„Wenn keine Vision da ist, verwildert ein Volk; aber wohl ihm, wenn es das Gesetz beachtet!" (Sprüche 29,18; ELB). Es ist entscheidend, dass wir ein Ziel für unser Leben haben und auf das hören, was Gott zu sagen hat, denn er weiß, wo es langgeht auf unserem Weg mit ihm.

Mitten ins Leben

Hast du schon mal einen Leitgedanken bzw. ein Motto für dein Leben aufgeschrieben? Glaub mir: So was hilft wirklich dabei, herauszufinden, wer du sein willst und wie du Gott und anderen begegnen möchtest. Nimm dir diese Woche einmal Zeit dafür, mit Gott darüber zu reden.

Ein Leitbild, eine Vision für dein Leben, kann in der Tat ein tolles Werkzeug dafür sein, gute Entscheidungen zu treffen und Prioritäten im Leben zu setzen.

21.
WAGE ZU TRÄUMEN!

Gott aber kann viel mehr tun, als wir jemals von ihm
erbitten oder uns auch nur vorstellen können.
So groß ist seine Kraft, die in uns wirkt.

EPHESER 3,20

Denkanstoß

Vor einigen Jahren gründete ich mit anderen, die auch im Musikbereich arbeiten, eine Art Kleingruppe. Wir nennen uns selbst die „Soul Check Society", weil unsere Hauptaufgabe darin besteht, einander dabei zu helfen, die Gemeinschaft mit Gott und untereinander zu vertiefen. Jeden Monat lesen wir ein Buch und diskutieren per Mail darüber (per Mail deshalb, weil wir alle in verschiedenen Städten wohnen). Jeder darf mal entscheiden, welches Buch wir als Nächstes lesen. Eine der Fragen, die wir uns nach der Lektüre stellten, war: „Hast du unerfüllte Träume? Wenn du dir dein Leben in seiner größtmöglichen Erfüllung vorstellst, also den Zustand, in dem du absolut alle Möglichkeiten ausgeschöpft hast, die Gott dir gegeben hat, wie würde das dann aussehen?"

Ein Freund meiner Familie hielt einmal vor einem unserer Konzerte eine Andacht. Er sagte, dass die meisten Menschen vergessen zu träumen oder sich einfach nicht die Zeit dafür nehmen, sobald sie erwachsen sind. Ich glaube, dass viele von uns – ich eingeschlossen – Angst haben zu träumen, weil Träume immer auch Enttäuschungen mit sich bringen können, wenn sie nicht in Erfüllung gehen. Andererseits: Wenn wir nicht träumen, klammern wir einen großen Bereich unseres Lebens aus. Wir sind dann nicht wirklich lebendig. Und so möchte ich nicht mehr leben! Ich möchte, dass mein Herz quietschlebendig ist – selbst wenn das manchmal wehtut. Hier sind ein paar von meinen unerfüllten Träumen:

- Heiraten, eine Familie gründen und meinen Mann in seiner Berufung unterstützen.

- Ein Lied schreiben, das auch nach meinem Tod noch gesungen wird und das Menschen hilft, tiefgreifende Erfahrungen mit der Anbetung Gottes zu machen.

- In einem Film mitspielen, der auch für Kinder geeignet ist, am allerliebsten ein sowohl inhaltlich als auch produktionstechnisch hochwertiger Mehrteiler.

- Den Punkt in meinem Leben erreichen, an dem alles im Gleichgewicht ist.

- Eine so enge Beziehung zu Gott haben und seine Liebe so stark erleben, dass mein ganzes Leben von Freude und Frieden bestimmt ist, ganz egal, was ich gerade durchmache.

Weitergedacht

Gott will nicht, dass wir uns mit Mittelmäßigkeit zufriedengeben. Er möchte nicht, dass wir unsere Träume aufgeben. Denn Gott ist ein Gott der Träume. In der Bibel hat er sehr oft seinen Willen durch Träume und Visionen kundgetan. Beispielsweise hat er Großes durch Josef und Daniel bewirkt, denen er die Fähigkeit gab, Träume zu deuten (siehe 1. Mose 37,40–41; Daniel 2,4–5; Daniel 7).

Wir haben einen Gott, der gerne große Träume erfüllt. In Psalm 37,4 heißt es: „Freue dich über den Herrn; er wird dir alles geben, was du dir von Herzen wünschst." Aber ohne Gott bedeuten unsere Träume nichts. Wenn wir sie ihm jedoch vor die Füße legen und uns seinem Willen unterordnen, wird er mehr damit erreichen, als wir uns je erträumen oder vorstellen können. Er sagt uns: „... denen, die ihren Anteil gut nutzen, wird noch mehr gegeben werden. Denen jedoch, die nicht treu damit umgehen, wird auch das wenige, das sie haben, noch genommen werden" (Lukas 19,26; NL). Wir haben also die Wahl.

Mitten ins Leben

Was sind deine unerfüllten Träume? Wenn du dir dein Leben im Zustand der größtmöglichen Erfüllung vorstellst, einem Zustand, in dem du alle Möglichkeiten ausschöpfen kannst, die Gott dir gegeben hat: Wie würde dein Leben dann ganz konkret aussehen? Nimm dir heute Zeit dafür, mit Gott darüber zu sprechen. Schreibe dann eine Liste der Träume, die Gott in dein Herz gelegt hat.

22.

VOM HIMMEL TRÄUMEN

Weil Jesus Christus von den Toten auferstanden ist, haben wir die Hoffnung auf ein neues, ewiges Leben. Es ist die Hoffnung auf ein ewiges, von keiner Sünde beschmutztes und unzerstörbares Erbe, das Gott im Himmel für euch bereithält. Bis dahin wird euch Gott durch seine Kraft bewahren, weil ihr ihm vertraut. Aber dann, am Ende der Zeit, werdet ihr selbst sehen, wie herrlich das unvergängliche Leben ist, das Gott schon jetzt für euch bereithält.

1. PETRUS 1,3–5

Denkanstoß

In meiner „Soul Check Society" haben wir uns auch schon mit folgender Frage beschäftigt: „Was denkst du über Himmel und Hölle?" Es fällt mir schwer, mir die Hölle vorzustellen, und ich denke nicht oft darüber nach. Der Gedanke, dass Menschen verdammt werden und für immer in Todesangst leben müssen, ist für mich sehr verstörend. Ich sehe dabei ein eher undeutliches Bild voller Dunkelheit, Einsamkeit, tiefer Traurigkeit und glühender Hitze vor mir. Ich schätze, wenn ich eine klarere Vorstellung davon hätte, wie die Hölle wirklich ist, würde ich mich sicher mehr dafür einsetzen, dass Menschen gerettet werden.

Ich sehe den Himmel als einen Ort, an dem kein Schleier und kein Nebel mehr zwischen mir und Gott ist. Manchmal sehne ich mich so sehr danach, ihn von Angesicht zu Angesicht zu sehen, meine Hand auszustrecken, so als könnte ich sein Gesicht berühren. Ich würde ihn so gerne einmal sehen, und bin manchmal sehr frustriert darüber, dass das nicht geht. Ich stelle mir vor, wie Jesus und ich einander zum ersten Mal im Himmel begegnen ... fröhlich und lachend, und wie er mich in die Arme nimmt. Ich stelle mir vor, dass der Himmel voller Blumenwiesen und Seen und Berge ist. Weil mich in dieser himmlischen Umgebung nichts mehr aufhält, kann ich dort vollkommen unbekümmert singen, tanzen und spielen.

Ich freue mich besonders deshalb darauf, die Ewigkeit mit Jesus zu verbringen, weil der Kampf dann endlich gewonnen ist und wir uns nicht mehr bis zur Erschöpfung abmühen müssen. Aber so gerne, wie ich mir den Himmel erträume, so toll finde ich es auch, dass wir ihn schon jetzt erleben können. Zum Beispiel, weil wir uns der Nähe Gottes bewusst sind und deshalb mit einem Gefühl von Frieden und Sicherheit leben können – trotz unserer Lebensumstände. Oder weil uns immer wieder bewusst ist, dass diese Welt nicht wirklich unser Zuhause ist und wir uns nach der Vollkommenheit sehnen, die es im Himmel geben wird.

Ab und zu vom Himmel zu träumen, kann dir dabei helfen, dich den täglichen Herausforderungen des Lebens zu stellen.

Weitergedacht

Das letzte Buch in der Bibel, die Offenbarung, Kapitel 21 und 22, gibt uns einen kleinen Einblick, wie wahnsinnig schön es im Himmel sein wird. Und Paulus ermutigt uns, dieses Ziel ständig vor Augen zu haben, denn Gott „hat uns ja schon als Anzahlung auf das ewige Leben seinen Geist gegeben" (2. Korinther 5,5; GN). In seinem Brief an die Kolosser 3,1–2 schreibt er: „... richtet euer ganzes Leben nach ihm aus. Seht dahin, wo Christus ist, auf dem Ehrenplatz an Gottes rechter Seite. Richtet eure Gedanken auf Gottes unsichtbare Welt und nicht auf das, was die irdische Welt zu bieten hat.“

Mitten ins Leben

Wenn du heute vom Himmel träumst, dann lies mal die beiden Kapitel in der Offenbarung, schließ deine Augen und versuche dir vorzustellen, dort für immer zu sein. Welche Bilder kommen dir da in den Sinn? Wie kann dich dieser „innere Film“ dazu motivieren, heute auf das Ziel ausgerichtet zu sein?

23.

EIN DANKBARES HERZ

Herr, von ganzem Herzen will ich dir danken! Dir und keinem
anderen Gott will ich singen. Vor deinem heiligen Tempel werfe ich
mich anbetend nieder, ich preise dich, deine Liebe und Treue.
Ja, du hast deine Versprechen eingelöst und alle meine Erwartungen
übertroffen. Als ich zu dir um Hilfe schrie, hast du mich erhört und
mir neue Kraft geschenkt.

PSALM 138,1–3

Denkanstoß

Unser Leben kann sehr schnell ganz schön komplex, hektisch, zu
voll, zu kompliziert werden. Ab und zu müssen wir mal aus dem
Stress-Zug aussteigen, einen Gang runterschalten, innehalten und
uns bewusst machen, mit wie viel Segen Gott uns jeden Tag über-
schüttet. Oft stolpern wir so durch unseren Alltag, bis uns plötzlich
klar wird, wie viel uns geschenkt wurde: ein Zuhause, gute Freunde,
genug zu essen, Geborgenheit, Frieden, schöne Urlaubstage ... und
so viel mehr! Das zu erkennen sind oft die intensivsten Anbetungs-
momente. Zeiten, in denen ich Gott wirklich zutiefst dankbar bin.

Kennst du das Lied „Thank you"? Ich bin begeistert von dem Text.
Ob ich gerade gute Zeiten erlebe, in denen ich voll im Saft stehe,
oder versuche, mich durch schlechte Zeiten hindurchzuschlagen –
dieses Lied hilft mir sehr:

Something I know is amiss in my soul.

My eyes are on me.

This should not be.

I'll praise you from the center of my fire.[1]

Ich weiß, dass mit meiner Seele etwas nicht stimmt.

Meine Augen sind auf mich selbst fixiert.

Das sollte nicht so sein.

Ich preise dich inmitten des Feuers.

Wir geraten schnell in Schwierigkeiten, wenn wir zu lange auf das Problem starren und uns auf uns selbst fixieren. Vielleicht gehst du gerade „mitten durchs Feuer". Oder du fühlst dich so, als könntest du die ganze Welt einnehmen. In welcher Situation du gerade steckst – wir alle sind dazu aufgerufen, Gott dankbar zu sein (siehe 1. Thessalonicher 5,18). Das ist manchmal nicht so einfach. Aber eine dankbare Lebenseinstellung hilft uns dabei, ein Leben zu führen, das ihm gefällt.

Weitergedacht

Psalm 136 ist ein toller Bibeltext zum Thema „Dankbarkeit". In den 26 Versen listet der Psalmist alle guten Dinge auf, für die er Gott dankbar ist: für Gottes Güte, seine Macht, seine Wunder, seine Schöpfung, die Freiheit, die er seinem Volk anbietet ...

In Kolosser 3,17 werden wir aufgefordert, dankbar zu sein: „All euer Tun – euer Reden wie euer Handeln – soll zeigen, dass Jesus euer Herr ist. Weil ihr mit ihm verbunden seid, könnt ihr Gott, dem

---

1 Rebecca St. James, Matt Bronleewe, Jason Ingram © 2005 Up in the Mix Music/ Rambuka Musik (MBI), verwaltet durch EMI CMG Publishing/ Aetataureate Music (BMI)/ Dayspring Music Publishing (BMI).

Vater, für alles danken." Und in Hebräer 13,15 heißt es: „Wir wollen nicht aufhören, Gott im Namen Jesu zu loben und ihm zu danken. Das sind unsere Opfer, mit denen wir uns zu Gott bekennen."

Mitten ins Leben

Wann hast du das letzte Mal daran gedacht, wofür du alles dankbar sein kannst? Denke mal an die großen und kleinen Dinge in deinem Leben, die du für selbstverständlich hältst (z. B. sauberes Trinkwasser und ein Dach über dem Kopf), und danke Gott dafür. Schreib alle diese Dinge auf ein Blatt Papier. Und leg die Liste in deine Bibel. Wenn du dann das nächste Mal „mitten durchs Feuer" gehen musst, nimm dir die Liste wieder vor und danke Gott für alles, auch (und gerade dann!), wenn du gerade in einer schwierigen Situation bist.

24.

SCHATTENWELTEN

Und geht es auch durch dunkle Täler, fürchte ich mich nicht,
denn du, Herr, bist bei mir.

PSALM 23,4

Denkanstoß

Seit ich klein bin, begeistern mich die Bücher von C. S. Lewis, einem
der bedeutendsten christlichen Autoren des 20. Jahrhunderts. Lewis hat unter anderem über die sogenannten „Shadowlands"
(„Schattenwelten") geschrieben, die ein Symbol für seinen persönlichen Schmerz und seine Trauer sind. Zu diesen Schattenwelten gehört auch die Leidenszeit und der Tod seiner Frau Joy, die an Krebs
starb. Für mich stehen die „Shadowlands" für Zeiten im Leben, in
denen es sich so anfühlt, als würden wir durch ein wolkenverhange-
nes Tal gehen – wir können einfach nicht erkennen, wie wir da wieder rauskommen sollen. In solchen Zeiten verlieren wir schnell die
Hoffnung und können das Licht am Ende des Tunnels nicht erkennen.

Ich habe auch schon viele schwierige Zeiten erlebt – Zeiten, in
denen ich mutlos und sehr verletzlich war. Das Lied „Shadowlands"
habe ich einerseits geschrieben, um zu zeigen, wie real solche Situationen sind, aber auch, um anderen Hoffnung zu schenken. Gott ist
unsere Hoffnung, denn er ist immer bei uns, selbst in den „Schat-

tenwelten". Er hilft uns durchzuhalten und wieder ins Licht zu kommen. Wenn wir uns in einem solchen Tal befinden, müssen wir unseren Verstand auf diese Hoffnung ausrichten. Meine Lieblingsstelle in diesem Lied ist der Übergangsteil (die „Bridge"), wo es heißt:

Ich weiß, dass alles wahr ist,
was du sagst.
Ich glaube an dich
und ich stelle mich
auf die Zusagen, die du gemacht hast.
Du hast es mir versprochen und ich glaube daran.

Auch der König David hat Schattenwelten erlebt, doch immer wieder versucht, sich auf Gott auszurichten: „Und geht es auch durch dunkle Täler, fürchte ich mich nicht, denn du, Herr, bist bei mir. Du beschützt mich mit deinem Hirtenstab" (Psalm 23,4). Der Prophet Jesaja gibt uns Hoffnung. Er hat vorausgesagt, dass es einmal eine Zeit geben wird, in der der Messias das Volk Gottes aus der Schattenwelt befreien wird: „Das Volk, das im Finstern lebt, sieht ein großes Licht; hell strahlt es auf über denen, die ohne Hoffnung sind" (Jesaja 9,2).

Weitergedacht

In 2. Petrus 1,4 heißt es, dass Gott uns „seine kostbaren und größten Zusagen geschenkt" hat, damit wir das erfüllte Leben haben können, das er uns anbietet. Hier sind ein paar geniale Zusagen von Gott, an denen wir uns festhalten können, falls wir mal wieder durch die Schattenwelt gehen müssen:

- Er wird uns niemals verlassen oder im Stich lassen (siehe Hebräer 13,5).

- Er wird uns nicht mehr zumuten als wir verkraften können (siehe 1. Korinther 10,13).

- Wenn wir seine Nähe suchen, wird er uns nah sein (siehe Jakobus 4,8).

- Wenn wir unsere Schuld vor ihm eingestehen, wird er uns aufrichten (siehe Jakobus 4,10; NL).

- Wenn wir müde und kraftlos sind, will er uns wieder stärken (siehe Matthäus 11,28).

- Wenn wir Kraft brauchen, um dem Bösen zu widerstehen, wird er sie uns geben (siehe 2. Thessalonicher 3,3).

Mitten ins Leben

Welche dieser Zusagen ist für dich heute besonders wichtig? (Lerne sie am besten auswendig.) Seine Verheißungen sind immer gültig. Gott kann nicht lügen. Nimm ihn jederzeit beim Wort, vor allem dann, wenn du durch die Schattenwelt gehst.

25.

GOTT HAT ALLES GEGEBEN □ FÜR UNS

Was sich keiner verdienen kann, schenkt Gott in seiner Güte:
Er nimmt uns an, weil Jesus Christus uns erlöst hat. Um unsere
Schuld zu sühnen, hat Gott seinen Sohn am Kreuz für uns verbluten
lassen. Das erkennen wir im Glauben, und darin zeigt sich,
wie Gottes Gerechtigkeit aussieht.
RÖMER 3,24–25

Denkanstoß

Ähnlich wie die Festplatte im Computer hat auch unser Gehirn unglaublich große Kapazitäten, sich an bestimmte Erlebnisse zu erinnern. Und die Dinge, an die wir uns erinnern, können entweder eine befreiende Wirkung haben oder uns im wahrsten Sinne des Wortes fesseln.

Um mich davor zu schützen, meine Gedanken zu verseuchen, hilft es mir, wenn ich an das denke, was Jesus für mich getan hat. Als ich den Film „Die Passion Christi" von Mel Gibson zum ersten Mal sah, musste ich einfach weinen und habe so sehr wie noch nie mit Jesus mitgefühlt. Das war definitiv der Film, der meinen Glauben bisher am meisten gestärkt hat. Jetzt verstehe ich, was Jesus für mich durchgemacht hat, fast so gut, als wäre ich selbst dabei gewesen. Ich bin überzeugt davon, dass Gott diesen Film benutzt hat, um Christen wie Nicht-Christen anzurühren.

Die ergreifendste Szene war für mich, als Jesus, unter der schweren Last des Kreuzes gebeugt, stolperte. Maria, seine Mutter, rannte zu ihm, um ihm zu helfen – und in dem Moment gibt es eine Rückblende: Man sieht eine Szene, in der Jesus als Kind zu sehen ist. Auch dort fällt er hin und seine Mutter hilft ihm wieder auf. An der Stelle habe ich sehr geweint, weil ich sie so eindrücklich fand. Jesus wendet sich trotz seiner Schmerzen an seine Mutter und sagt: „Mutter, schau – ich mache alles neu." Mich hat die Kraft dieser Worte sehr angerührt. Und mich hat die Tatsache begeistert, dass Jesus tatsächlich genau deshalb auf die Erde gekommen ist – um für jeden von uns alles neu zu machen, um uns neues Leben einzuhauchen und uns neue Hoffnung zu schenken.

Ich habe einmal als Mitarbeiterin an einer Jugendkonferenz teilgenommen, bei der Mel Gibson zu Gast war, um den Film vorzustellen. Er erzählte dort eine Geschichte, die mich sehr bewegt hat. Es ging um eine Nonne, die den Film kurz zuvor gesehen hatte. Sie war davon so berührt, dass sie betete: „Jesus, es tut mir leid … ich hatte es vergessen."

Egal, an wie vielen Karfreitagen oder Ostersonntagen wir die Geschichte von der Kreuzigung schon gehört haben – ich hoffe, dass wir niemals die grausame Realität des Opfers vergessen, das Jesus für uns erbracht hat.

Weitergedacht

Immer, wenn du mit anderen Abendmahl feierst und dich dabei daran erinnerst, dass sein Körper zerschlagen und sein Blut für dich vergossen wurde, hast du die Gelegenheit, ganz neu anzufangen. Egal, was du ausgefressen hast – es gibt Vergebung, weil du durch das Opfer von Jesus das Recht hast, auf der Seite Gottes zu stehen. Er löscht alle deine Schuld und all deine Fehler aus. Ohne Blutvergießen gibt es keine Vergebung (siehe Hebräer 9,22), aber dank Jesus haben wir das Privileg, seine Vergebung für uns in Anspruch zu nehmen.

Zum Weiterlesen: Hebräer 9,19–22.

Mitten ins Leben

Nimm dir heute einmal Zeit dafür, dich mit den Details der Kreuzigungsgeschichte zu befassen. Lies Lukas 19. Vielleicht kannst du dir auch den Film „Die Passion Christi" ausleihen, falls du ihn noch nicht gesehen hast. Danke ihm für dieses krasse Opfer für dich. Bekenne, was in deinem Leben schiefläuft, und danke ihm dafür, dass er dir gerne vergibt.

26.

WAHRE LIEBE WARTET

„Es ist alles erlaubt", sagt ihr. Das mag stimmen, aber es ist nicht alles gut für euch. Mir ist alles erlaubt, aber ich will mich nicht von irgendetwas beherrschen lassen.

1. KORINTHER 6,12

Denkanstoß

Alles fing an, als ich mit 15 bei einer „Wahre Liebe wartet"-Aktion dabei war und mich öffentlich dazu verpflichtet habe, mit dem Sex bis zur Ehe zu warten. Irgendwann bin ich dann bei solchen Treffen aufgetreten, und die Veranstalter baten mich darum, über meine Verpflichtung zur Enthaltsamkeit bis zur Ehe zu erzählen. Sowohl Eltern als auch Teenager haben sich bei mir für dieses öffentliche Bekenntnis bedankt. Seitdem habe ich viele junge Frauen dazu ermutigt, zu ihrer Überzeugung zu stehen, mit dem Sex zu warten.

Bei manchen Liedern kann es Monate oder sogar Jahre dauern, bis sie fertig sind, aber „Wait for me" war ein echtes Wunder, denn ich brauchte knapp vierzig Minuten, um es zu schreiben. Ich hatte Gott darum gebeten, mir ein Lied zum Thema „Reinheit" zu schenken. In den mehr als dreizehn Jahren meiner Arbeit hat kein Lied von mir Menschen mehr angesprochen als „Wait for me". Ich weiß, dass ich für viele junge Frauen aus der ganzen Welt stehe, die sich von dem Anpassungsdruck der „Machs doch einfach, wenns dir

Spaß macht"-Mentalität befreit haben. Das Lied war ein Geschenk von Gott an mich. Ich habe mich total darüber gefreut, Tausende von Posts und Briefen von Menschen aus aller Welt zu bekommen, die von der Botschaft des Liedes angerührt worden sind. Vor der Ehe keinen Sex zu haben bedeutet, cool zu sein (auch wenn viele immer noch denken, das sei total uncool und extrem konservativ). Ich hoffe, du stimmst mir zu, wenn ich sage, dass Enthaltsamkeit eine gute Wahl ist? (Wenn man die möglichen Folgen bedenkt: Schwangerschaften außerhalb der Ehe, Geschlechtskrankheiten ... dann klingt das jedenfalls alles andere als verlockend.) Und ganz davon abgesehen: Sexuelle Enthaltsamkeit ist das, was Gott von uns möchte.

Weitergedacht

Das größte Gebäude in Korinth war der Tempel der Aphrodite, der Göttin der erotischen Liebe. Dort waren Götzendienst und Unmoral an der Tagesordnung. Weil die Christen in dieser Stadt in einer so sexualisierten Welt lebten, hatte Paulus ein paar klare Worte für sie: „Deshalb warne ich euch eindringlich vor jeder verbotenen sexuellen Beziehung! Denn mit keiner anderen Sünde vergeht man sich so sehr am eigenen Körper wie mit sexueller Zügellosigkeit" (1. Korinther 6,18).

Mitten ins Leben

Auch wir leben in einer sexualisierten Welt. Es scheint, als werde Sex überall propagiert ... in der Musik, im Fernsehen, im Film, in der Werbung, im Internet und in unseren Schulen. Aber Gott bittet uns darum, mit dem Sex bis zur Ehe zu warten, weil er weiß, was das

Beste für uns ist. Was hältst du von der Idee, mit ihm einmal über dieses Thema zu sprechen? Über deine Fragen, deine Sehnsüchte oder deinen Wunsch, ihm in diesem Punkt gehorsam zu sein? Was auch immer du über dieses „heiße Thema" denkst, er weiß es schon, und er sehnt sich danach, dass du offen und ehrlich mit ihm sprichst.

27.

AUF DER SUCHE NACH LIEBE

Danach zog Jesus durch die Städte und Dörfer. Er sprach in den
Synagogen und verkündete überall im Land die rettende Botschaft
von Gottes neuer Welt. Wohin er auch kam, heilte er alle
Krankheiten und Leiden. Als er die vielen Menschen sah,
hatte er großes Mitleid mit ihnen. Sie waren hilflos und
verängstigt wie eine Schafherde ohne Hirte.
MATTHÄUS 9,35–36

Denkanstoß

Jeder von uns braucht ganz dringend Liebe. Leider suchen viele der
Mädchen und jungen Frauen, denen ich begegne, an den falschen
Orten danach, zum Beispiel in der körperlichen Zuneigung von
Jungs. Manche junge Frauen nehmen Drogen, ritzen sich selbst
oder sind von Süchten gefangen und von einem Gefühl der Hoffnungslosigkeit – weil sie sich nicht wirklich geliebt fühlen. Die Folgen: ein sehr niedriger Selbstwert, Teenagerschwangerschaften,
Krankheiten wie Essstörungen oder sogar Selbstmord. Ich hoffe
sehr, dass deine Situation nicht dermaßen hoffnungslos ist. Und ich
möchte, dass du weißt: Es gibt Hoffnung!

Manchmal resultiert die Angst und Hoffnungslosigkeit, die ich
bei jungen Menschen öfter beobachte, aus einem Mangel an Lebens-
sinn. Vielleicht haben sie sich niemals richtig angenommen gefühlt –

weder von Eltern noch von Freunden. Wenn wir ständig mit Leuten abhängen, die für ihr Leben schwarz sehen und sich im tiefsten Inneren ungeliebt fühlen, ist es schwer, Hoffnung zu haben.

Vielleicht fragst du dich: Wo ist Gott in meinem Schlamassel? Gott liebt dich leidenschaftlich. Wenn wir diese Liebe einmal verstanden und für uns angenommen haben, werden sich viele Dinge in unserem Leben klären oder plötzlich einen Sinn ergeben. Ich kann mir gar nicht vorstellen, durchs Leben zu gehen ohne mir bewusst zu machen, wie unglaublich groß Gottes Liebe zu mir ist. Ich weiß nicht, wie Leute klarkommen, die das nicht wissen. Das ist die Hoffnung, die Wahrheit und das Leben, nach dem diese Generation sucht – und all das findet man in Jesus!

Weitergedacht

Das Heilmittel gegen die Hoffnungslosigkeit, von der heutzutage so viele Menschen infiziert sind, ist die radikale Hoffnung, die Gott uns anbietet. Johannes, der Apostel der Liebe, hat es wunderbar zusammengefasst: „Seht doch, wie groß die Liebe ist, die der Vater uns schenkt! Denn wir dürfen uns nicht nur seine Kinder nennen, sondern wir sind es wirklich" (1. Johannes 3,1).

Wir sollten so leben, dass auch andere erkennen, welche Hoffnung wir haben und beginnen, danach zu fragen. Petrus fordert uns heraus: „Christus, der Herr, soll der Mittelpunkt eures Lebens sein. Seid immer dazu bereit, denen Rede und Antwort zu stehen, die euch nach eurem Glauben und eurer Hoffnung fragen" (1. Petrus 3,15).

Mitten ins Leben

Kennst du jemanden, der Hoffnung und Liebe bitter nötig hat? Was kannst du heute tun, um Gottes Liebe auf ganz praktische Art zu kommunizieren? Wie wäre es damit, einen netten Brief oder eine E-Mail zu schreiben, dem anderen heimlich etwas Gutes zu tun (zum Beispiel ein Überraschungsgeschenk verschicken oder einen Blumenstrauß anliefern lassen) oder eine andere aufmerksame Geste? Dann bete dafür, dass die Liebe Gottes die Hoffnungslosigkeit durchbricht, die du bei dieser Person spürst.

28.

VON GOTT GELIEBT

Er war noch ein gutes Stück vom Haus entfernt, da sah ihn schon
sein Vater kommen, und das Mitleid ergriff ihn. Er lief ihm
entgegen, fiel ihm um den Hals und überhäufte ihn mit Küssen.

LUKAS 15,20; GN

Denkanstoß

Vor ein paar Jahren, als ich über Songs für ein neues Album nach-
dachte, passierte mir Folgendes: Zufällig kam mir Daniel, ein Freund
aus meiner Kindheit, in den Sinn. Ich bin mir sehr sicher, dass es
Gott war, der für diesen „Zufall" gesorgt hat. Daniel war ein paar
Jahre zuvor vom Glauben abgekommen und ich stellte mir die Frage:
Wenn es eine Sache gäbe, die ich Daniel sagen könnte, was wäre das?
Und ich hatte den Eindruck, dass Gott mir folgenden Satz aufs Herz
legte: „Du bist geliebt." Das wurde schließlich der Titel eines Songs
auf dem Album „If I had one chance to tell you something". Es ist ein
Lied für alle verlorenen Söhne und Töchter – also im Prinzip für jeden von uns. Gott ist der Vater, der mit offenen Armen auf uns wartet. Er wünscht sich, dass wir in seine Arme laufen. Dann wird auch
er auf uns zu rennen und uns willkommen heißen.

Aus diesem Song entstand auch der Titel des Albums und im Prinzip sogar das Motto für das ganze Projekt. Mir ist klar geworden,
wie wichtig es ist, Gott mit Ehrfurcht zu begegnen. Dann werden

wir einfach von seiner Power überwältigt. Aber was uns wirklich zu ihm hinzieht, das sind seine Güte und seine Liebe. Sie bewirken, dass wir Gott immer besser kennenlernen möchten und ihn ebenfalls lieben. Das ist die wichtigste Botschaft, die ich durch mein Leben weitergeben möchte. Ob im persönlichen Umgang mit meinen Mitmenschen, auf der Bühne – oder wo auch immer: Ich möchte, dass dadurch die Botschaft rüberkommt: „Gott liebt uns total überschwänglich."

Es ist eine Botschaft der Hoffnung, die wir alle brauchen. Egal, wo du gewesen bist und was du getan hast ... du bist geliebt. Der Feind wird immer wieder versuchen, dir Folgendes einzureden: „Du hast es versaut; deshalb bist du es nicht wert, geliebt zu werden." Bitte glaub diese Lüge nicht. Du bist geliebt!

Weitergedacht

Obwohl die meisten Leute denken, dass die Geschichte, die Jesus in Lukas 15 erzählt, die vom verlorenen Sohn ist, geht es in dem Gleichnis vielmehr und zuallererst um den liebenden Vater. Denn die Lektion, die man hier lernen kann, ist die, dass die Liebe des Vaters grenzenlos ist. Erst danach geht es um die rebellische Haltung des Sohnes.

Fast jeder hat irgendwann einmal die Rolle des verlorenen Sohnes gespielt. Entweder dadurch, dass er durch eine bewusste, vorsätzliche Sünde für kurze Zeit von Gott weggerannt ist, oder die Herde verlassen und für eine ganze Weile sein eigenes Leben gelebt hat. Aber das Großartige ist: Obwohl der Vater in der Geschichte seinem Sohn die Freiheit gegeben hatte (und ihm sogar sein Erbe ausbezahlt hat), hat er nie aufgehört, nach ihm Ausschau zu halten und ständig auf seine Rückkehr zu warten. Seine Botschaft lautete von Anfang an: „Du bist geliebt."

Mitten ins Leben

Kennst du jemanden, für den es wichtig wäre zu wissen, dass er geliebt ist? Hast du eine Freundin, die verzweifelt ist und dringend hören sollte, dass sie geliebt ist? Die Liebe unseres Papas im Himmel ist so viel größer als alles, was wir uns vorstellen können. Bete für eine Gelegenheit, Gottes Worte der Liebe an jemanden weiterzugeben, der sie dringend braucht. Wenn Gott diese Tür öffnet, dann geh gehorsam durch.

29.

DU BIST GOTTES TOCHTER

Seine Schönheit ist vollkommen, meine Freundin,
kein Makel ist an dir.

HOHESLIED 4,7

Denkanstoß

Hast du dich schon mal überfordert gefühlt? Ich schon. Weißt du, was genau deine Aufgabe ist? Machst du dir Gedanken darüber, im Vergleich zu anderen schlecht abzuschneiden? Ich auch. Vielleicht stehst du unter Druck, weil du zu Hause, in der Schule oder auf der Arbeit viel Verantwortung trägst. Und weil unsere Gesellschaft so viel Wert auf Äußerlichkeiten legt, denkst du vielleicht, du müsstest wie ein Model aussehen und superdünn sein, um von anderen akzeptiert zu werden. Vor ein paar Jahren habe ich auf meiner Webseite eine Umfrage gestartet, an der über 1.000 Frauen teilgenommen haben. Das Thema, über das am meisten diskutiert wurde (über 75 % der Teilnehmerinnen haben sich darüber ausgetauscht), hatte mit dem Aussehen zu tun. Der Druck, der von den Medien ausgeht – nämlich die Vorstellung, so und so aussehen zu müssen – ist unglaublich groß.

In meinem Buch „Sie: Frau sein nach dem Herzen Gottes" habe ich zusammen mit einer Co-Autorin viele der Fragen angesprochen, die junge Frauen heute beschäftigen. Wir haben festgestellt, dass

Frauen sich danach sehnen, über Themen wie „sexuelle Reinheit", „Nähe zu Gott und zu den Mitmenschen", „ganzheitliche Schönheit", „Grenzen setzen" und „Sinn des Lebens" zu sprechen. Gott wünscht sich, dass wir seiner Wahrheit über uns Glauben schenken, und uns nicht am Maßstab unserer Gesellschaft orientieren.

Weitergedacht

Im Gegensatz zu den meisten Männern seiner Zeit, die Frauen als Besitz ansahen, hat Jesus Frauen einen hohen Stellenwert gegeben. Er hat sie alle – auch die, die von der Gesellschaft verstoßen worden waren – mit großem Respekt behandelt. Mit einigen von ihnen, denen niemand mehr auf der Straße begegnen wollte, hat er sich sogar getroffen: mit der Frau am Brunnen (siehe Johannes 4) und der Ehebrecherin (siehe Johannes 8). Er hat diese Frauen nicht als das gesehen, was sie einmal waren, nicht als Objekte, die man verurteilen muss, sondern als das, was sie ausmacht: als Frauen, die einen Wert und eine Würde haben, denen vergeben wurde, was in ihrer Vergangenheit schiefgelaufen ist, und die Hoffnung auf eine gute Zukunft haben. Er hat die Bedürfnisse der Frauen gesehen. Keine Frau war für die Barmherzigkeit und Gnade von Jesus jemals außer Reichweite. Wenn man sich überlegt, wie sehr Jesus den Selbstwert von Frauen gestärkt hat, ist es dann verwunderlich, dass sie ihm so treu gefolgt sind, am Fuß des Kreuzes saßen und schließlich die Ersten waren, die am Tag seiner Auferstehung an seinem Grab waren?

Mitten ins Leben

Was wünscht sich Gott für dich als seine Tochter? Wenn er heute mit dir sprechen würde, was denkst du, würde er dir über deine innere

Schönheit sagen? Was würde er Ermutigendes über deine Gaben und Talente sagen? Und wie könntest du diese noch besser für ihn einsetzen? Mach dir klar, dass er diese Wahrheiten heute in dein Leben sprechen möchte. Mach dich auf, ihm zu begegnen!

30.
KLARE WORTE

Es passt auch nicht zu euch, gemeine, dumme oder schlüpfrige
Reden zu führen. Benutzt eure Zunge lieber, um Gott zu danken!
EPHESER 5,4; GN

Denkanstoß

Vor einigen Jahren hatte ich die Gelegenheit, in Chicago Aufnahmen für einen Trickfilm zu machen und dabei einer der Zeichentrickfiguren meine Stimme zu leihen, einem Engel namens „Hope". Das hat total viel Spaß gemacht! Es war schon lustig, als kleine Kinder zu mir kamen und mich baten, die Stimme von „Hope" nachzumachen.

Die eigene Stimme dramaturgisch einzusetzen, ist eine meiner Begabungen, und das liegt in unserer Familie. Schon meine Großmutter hat Rhetorik-Unterricht gegeben und als Synchronsprecherin gearbeitet. Es ist wirklich toll, diese Arbeit fortzusetzen. Im Moment nehme ich Schauspielunterricht, und mein Lehrer hilft mir dabei, mir einen amerikanischen Akzent anzutrainieren, damit ich meinen australischen Akzent loswerde, genauso, wie es auch Nicole Kidman, Russell Crowe und andere Australier machen. Ich habe schon immer gerne andere Leute imitiert. Manche Wortendungen im amerikanischen Englisch sind zwar gar nicht so leicht für mich nachzumachen, aber ich habe viel Spaß an der ganzen Sache!

Unsere Art zu reden verrät, was in unserem Herzen und in unseren Gedanken abgeht. Die Worte, die uns über die Lippen kommen, gehören nicht einfach zu einer Rolle, die wir spielen. Sie verkörpern, wer wir sind. Wenn andere an uns denken, denken sie oft auch an unsere Lieblingsausdrücke oder die Art, wie wir bestimmte Dinge in Worte fassen. Ein Markenzeichen eines echten Christen ist der Wunsch, dass die Worte, die unseren Mund verlassen, „sauber" sind. Aber im Gegensatz zur Schauspielerei sollte unser Reden echt, ehrlich und authentisch sein, aus reinem Herzen kommen und auf einem reinen, klaren Verstand gegründet sein.

Weitergedacht

Das Wort „Reinheit" wird oft benutzt, wenn etwas frei von Staub, Schmutz oder Verunreinigung ist. Wenn wir in Flaschen abgefülltes Mineralwasser trinken, erwarten wir, dass es frei von Schadstoffen ist. Niemand, der bei klarem Verstand ist, würde mit Absicht verunreinigtes Wasser verkaufen. Die Worte, die wir benutzen, sollten anderen keine widersprüchlichen Botschaften vermitteln, sondern nur Botschaften, die mit dem übereinstimmen, was wir sind – Nachfolger von Jesus. Jakobus, der Bruder von Jesus, hat einmal über das Reden gesagt: „Segen und Fluch kommen aus ein und demselben Mund. Aber genau das, meine lieben Brüder und Schwestern, darf es bei euch nicht geben! Fließt denn aus einer Quelle gleichzeitig frisches und ungenießbares Wasser? Kann man Oliven von Feigenbäumen pflücken oder Feigen vom Weinstock? Ebenso wenig kann man aus einer salzigen Quelle frisches Wasser schöpfen" (Jakobus 3,7–12).

Mitten ins Leben

Was erzählst du über dich und über andere? Lässt du dich schnell in Klatsch und Tratsch reinziehen? Stimmt das, was du sagst, mit deinem Tun überein? Gibt es Dinge, die du ändern solltest? Sprich mit Gott über deine Wünsche und Probleme in diesem Bereich, und vertraue darauf, dass er dir helfen wird.

31.

WEISS WIE SCHNEE

So spricht der Herr: „Kommt, wir wollen miteinander verhandeln,
wer von uns im Recht ist, ihr oder ich. Eure Sünden sind blutrot,
und doch sollt ihr schneeweiß werden. Sie sind so rot wie Purpur,
und doch will ich euch rein waschen wie weiße Wolle."
JESAJA 1,18

Denkanstoß

Ich liebe die Weihnachtszeit! Sie hat einfach etwas Besonderes und ist eine sehr tiefgehende, sehr bewegende Zeit für mich. Es ist toll, mich mit meiner Familie zu treffen und die Geburt unseres Königs Jesus zu feiern. Ich schmücke gerne den Weihnachtsbaum und höre dabei Weihnachtslieder.

Eine meiner schönsten Weihnachtserinnerungen ist die an ein Weihnachtsessen im Freien auf einem Campingplatz in der australischen Provinz Queensland. Dort haben wir einige Male unsere Familienweihnachtsfeier abgehalten. Wir saßen alle an einem großen Tisch, aßen Lamm, Truthahn und Schinken. Ich habe 24 Cousins und Cousinen und ein Großteil von ihnen war da. Wir trugen kunterbunte Weihnachtshüte und rissen Knallbonbons auseinander, aus denen dann kleine Überraschungen fielen. Wir redeten und lachten viel und hatten einfach eine geniale Zeit zusammen. Mein Großvater, der Pfarrer ist, betete mit uns und dann sprachen wir über die wahre Bedeutung von Weihnachten. Es war echt eine tolle Zeit!

Schnee gibt es in Queensland nur sehr selten. Seit ich in Nashville lebe, sehe ich ihn viel öfter. Manchmal bin ich auf Tour im Nordwesten der USA und sehe dort wunderschöne, schneebedeckte Felder. Was für ein toller Anblick!

Vielleicht hattest du wirklich vor, bis zur Ehe sexuell rein zu bleiben, aber dann kam etwas dazwischen. Du bist weiter gegangen, als du jemals gedacht hättest. Du hast dich schuldig gefühlt und dich geschämt und Gott mehr als einmal um Vergebung gebeten. Was jetzt? Weißt du, dass du in seinen Augen immer noch rein werden kannst? Du kannst zwar die Folgen, die deine falschen Entscheidungen nach sich gezogen haben, nicht mehr abwenden, aber wenn du zu Gott kommst und seine Vergebung und Barmherzigkeit suchst, kannst du wieder weiß wie eine frische Schneedecke werden. Er kann dich wieder rein machen!

Weitergedacht

König David wusste ganz sicher, wie es ist, wenn man es nicht geschafft hat, sexuell rein zu bleiben. Er beging Ehebruch mit Bathseba, und stellte ihren Ehemann Uria, der Soldat in seiner Armee war, an die vorderste Frontlinie, damit er getötet würde. Auf diese Weise – so dachte David zumindest – würde seine Sünde nicht auffallen. Aber er musste auf bittere Weise lernen, dass man Gott nicht an der Nase herumführen kann.

Gott sandte den Propheten Nathan, um David mit den Folgen seiner Tat zu konfrontieren. Es gibt keine Sünde, die man vor Gott verbergen kann. David litt schwer unter den Folgen seiner Tat und bekannte seine Schuld. In Psalm 52 kannst du dieses Bekenntnis nachlesen, in dem es heißt: „Reinige mich von meiner Schuld, dann bin ich wirklich rein; wasche meine Sünde ab, und mein Gewissen ist wieder weiß wie Schnee!" (Psalm 51,7).

Mitten ins Leben

Gott ist hundertprozentig dazu in der Lage, das Dunkel deines Versagens in weißen Schnee zu verwandeln. Alles, was du tun musst, ist, voller Glauben und Einsicht zu ihm zu kommen und daran zu glauben, dass er das, was er verspricht, tatsächlich auch tun wird. Lass nicht zu, dass der Feind dir deine Vergangenheit vorhält; wärme dich stattdessen an der grenzenlosen Liebe und Barmherzigkeit Gottes.

32.

GRENZEN SETZEN, WEIL SEX ZU WERTVOLL IST

Gott hat uns nicht zu einem ausschweifenden Leben berufen,
sondern wir sollen ihn mit unserem Leben ehren.

1. THESSALONICHER 4,8

Denkanstoß

Sex wird von der säkularen Plattenindustrie häufig instrumentalisiert, um Musik besser verkaufen zu können. Vielen jungen Sängerinnen wird gesagt: „Hey, du solltest total sexy sein, zeig mehr Haut!" Und egal, wie stark die Mädels am Anfang sein mögen, irgendwann lassen sie sich darauf ein. Das ist traurig, denn statt ihrer Körper könnten sie besser ihre Kunst und ihr Talent dazu nutzen, um ihre Musik zu verkaufen. Die Art der sexualisierten Vermarktung macht Menschen kaputt. Wer sich aufreizend anzieht und ständig Musik hört, die einen dazu auffordert, außerhalb der Ehe Sex zu haben, kann am Ende ziemliche Probleme bekommen, sowohl körperliche als auch seelische. Mein Rat an dich: Lass die Finger davon!

Ich glaube, dass wir Frauen eine Verantwortung dafür haben, die Männer in unserem Umfeld nicht in Versuchung zu führen. Sie brauchen unsere Hilfe, was diesen Bereich angeht. Wir sollten weise sein, auch bei der Wahl unserer Kleidung. Ich selbst habe mir bestimmte Grenzen gesetzt, was mein Outfit betrifft. Es kann manchmal echt schwierig sein, Klamotten zu finden, die „in", aber nicht zu verführerisch sind.

„Wie weit ist zu weit?" Wenn es unser Ziel ist, Gott auch durch unseren Körper zu ehren, sollten wir eine Grenze ziehen und Gott um Kraft dafür bitten, diese nicht zu übertreten. Einer meiner Grundsätze, den ich oft auch anderen empfehle, ist, mich von einem Mann an keiner Stelle meines Körpers berühren zu lassen, den ein Badeanzug bedecken würde.

Wenn du dir einmal Grenzen gesetzt hast, dann sprich darüber mit deinem Freund. Legt fest, wo die Grenzen für euch als Paar liegen. Betet zusammen und bittet Gott, euch dabei zu helfen, ihn durch eure Beziehung zu ehren. Konzentriert euch auf die Freundschaft und überstürzt nichts. Wenn der Typ es wert ist, dann wird er auf dich warten. Wenn du dich an diese Richtlinien hältst, werden sie dir dabei helfen, in sexueller Hinsicht „clean" zu bleiben, und – was noch wichtiger ist: Du wirst Gott mit deinem Körper ehren.

Weitergedacht

Hier ein Bibelvers, der dir dabei helfen kann, im Bereich Sexualität Grenzen zu setzen: „Ihr gehört zu Gott. Da passt es selbstverständlich nicht mehr, sexuell zügellos zu leben, über die Stränge zu schlagen oder alles haben zu wollen" (Epheser 5,3).

Zum Weiterlesen: 2. Thessalonicher 3,3 und Hebräer 13,4

Mitten ins Leben

Wenn du einen Freund hast: Hast du, was deinen Körper angeht, Grenzen festgelegt und mit ihm darüber gesprochen? Falls nein, wäre es eine gute Idee, das nachzuholen. Bittet Gott darum, standhaft bleiben zu können. Wenn man nicht rechtzeitig vernünftige Grenzen setzt, tut man im Prinzip so, als gebe es gar kein Limit – und dann wird es sehr schwierig.

33.

VON ANDEREN LERNEN

Später, wenn es mit deinem Leben zu Ende geht und dein
Körper geschwächt ist, wirst du stöhnen und sagen:
„Wie konnte ich nur die Selbstbeherrschung verlieren?
Warum habe ich mich nicht ermahnen lassen? Warum habe ich nicht
auf meine Lehrer gehört? Warum bin ich nicht dem Rat derer
gefolgt, die mich unterwiesen haben?"
SPRÜCHE 5,11–13; NL

Denkanstoß

Es kann unwahrscheinlich hilfreich sein, dem Beispiel anderer zu folgen, die den Weg, den du gerade gehst, vor dir gegangen sind. Ich nehme mir gern Menschen zum Vorbild, die mir gezeigt haben, wie ich mich im Leben zurechtfinden kann. Solche Menschen können ein Mentor für dich sein, also jemand, der dich anleiten und dir Rat geben kann. Eine meiner Mentorinnen ist Evie. Genau wie ich hat sie ihre Karriere in der christlichen Musikszene begonnen, als sie noch ein Teenager war, und kennt viele der Probleme, die dieser Weg mit sich bringt. Meine Familie kennt Evie schon seit Jahren und hat großen Respekt vor ihrem Lebensstil. Es lag auf der Hand, dass sie eine Mentorin für mich werden könnte. Sie hat mich schon als Baby im Arm gehalten, als sie auf Tournee in Australien war. Evie ist eine beeindruckende Frau. Wir kommen sehr gut miteinander

klar, weil wir beinahe „seelenverwandt" sind, ähnliche Charaktereigenschaften und Begabungen haben. Weil sie in Florida lebt und ich
in Tennessee, kommunizieren wir meist per Telefon und E-Mail und
fragen uns gegenseitig, wie wir füreinander beten können. Ihre ver-
ständnisvolle Art ist unschätzbar wertvoll für mich.

Kürzlich hat mir Ken, ein Freund von mir, einen sehr wichtigen
Rat gegeben: Bücher zu lesen, die mein geistliches Leben voranbrin-
gen können, zum Beispiel „Die innere Stimme der Liebe" von Henri
Nouwen. Ken hat mir auch geraten, mehr darauf zu schauen, dass
Gott ein Gott der Liebe ist, und kein Gott, der unablässig mit Strenge
auf uns herunterschaut. Ich bin nämlich in einem christlichen Umfeld aufgewachsen (was an sich ja nicht schlecht ist), das von einer
Art „Du sollst und du darfst nicht"-System geprägt war. Ich habe
also eine sehr gesetzliche Form des Christseins kennengelernt.
Durch die Freundschaft mit Ken habe ich gelernt, mich mehr auf
Gott als Vater zu konzentrieren. Auf den Papa, der wirklich liebevoll
mit mir umgeht und das Beste für mich möchte. Diese Erkenntnis
hat meinem Glauben einen richtigen Energieschub gegeben.

Wenn ich an Vorbilder in der Bibel denke, fällt mir als Erstes Ruth
ein. Für sie hat das Leben ja einige Herausforderungen bereitgehal-
ten – es lief nicht so, wie sie es sich vorgestellt hatte. Während einer
Hungersnot heiratete sie, aber ihr Mann starb kurze Zeit später.
Doch sie vertraute Gott weiterhin und war ihm und ihrer Schwieger-
mutter Naomi (die auch Witwe war) gegenüber loyal – auch als sie
nach dem Tod ihres Mannes die Chance bekam, in ihre Heimat zurückzukehren. Naomi handelte im Sinne Gottes als Ruths Mentorin.
Letztlich belohnte Gott Ruths Treue, indem er ihr einen neuen Ehemann schenkte, mit dem sie einen Sohn bekam. Mein Wunsch ist es,
Ruths Loyalität und Treue nachzueifern.

Jede Frau braucht eine andere Frau, die wirklich versteht, was die
andere fühlt und welchen Spannungen sie gerade ausgesetzt ist.
Jede Frau braucht jemanden, vor dem sie offen und ehrlich sein

kann. Und wenn diese Mentorin den gleichen Weg, auf dem man sich gerade selbst befindet, schon beschritten hat, kann man sich sicher sein, dass sie einen durch Annahme, Mitgefühl und Gebete unterstützen wird.

Weitergedacht

Paulus nennt Timotheus seinen „Sohn im Glauben" (1. Timotheus 1,2; LÜ), weil er für ihn ein Mentor war, der ihm geholfen hat, den Glauben an Jesus zu verbreiten, so wie es im Neuen Testament beschrieben wird. Paulus war der Lehrer, Timotheus der Lernende. Jeder Mensch braucht einen Paulus und jeder braucht einen Timotheus. In jedem Lebensbereich sollten wir ein Mentor für andere sein, und ebenso sollte es Leute geben, deren Rat wir gerne annehmen ... weil wir nie an den Punkt kommen werden, an dem wir nichts mehr zu lernen haben.

Mitten ins Leben

Hast du momentan eine geistliche Mentorin? Welche Themen solltest du mit ihr besprechen und „be-beten"? Wenn du im Moment keine Mentorin hast, die dir regelmäßig zur Seite steht, dann bitte Gott darum, dir eine solche Person zu zeigen. Du kannst auf seine Antwort gespannt sein!

34.

WARTEN AUF MR RIGHT

Doch sehnt sich der Herr danach, euch gnädig zu sein.
Bald wird er zu euch kommen und sich wieder über euch erbarmen,
denn er ist ein gerechter Gott. Wie glücklich sind alle,
die auf seine Hilfe warten!
JESAJA 30,18

Denkanstoß

Viele Jahre lang befand ich mich in einer Art „Wartestand", und wollte endlich gern den Mann treffen, den Gott für mich ausgesucht hat. Es war schon immer mein Herzenswunsch gewesen, zu heiraten und eine Familie zu gründen, aber Gott hatte mir den entsprechenden Partner lange Zeit nicht gezeigt. Geheiratet habe ich dann erst mit 34 Jahren ...

Vielleicht befindest du dich ja auch gerade in einer herausfordernden Wartezeit. Dann möchte ich dir Mut machen, nicht ständig auf die Sehnsucht nach einem Freund beziehungsweise deinem zukünftigen Ehemann fixiert zu sein. Danke Gott stattdessen für das, womit er dein Leben momentan segnet. Denn ein dankbares Herz führt zu einer positiven Lebenseinstellung. Wenn du vor lauter Ungeduld versuchst, den falschen Typen an Land zu ziehen, geht das am Ende schlimm aus. Ich kenne Leute, die aus Angst vor Einsamkeit oder schlicht aus sexueller Sehnsucht den falschen

Partner geheiratet haben. Glaub mir, das kann in einer Katastrophe enden!

Wir brauchen Gott nicht vorauszueilen. Er kennt unsere Bedürfnisse und unsere Interessen, und sie liegen ihm wirklich am Herzen! Wenn Gott will, möchte ich, dass er den richtigen Mann in mein Leben schickt. Ich weiß, dass es wie ein Wunder sein wird, jemanden zu treffen, der ähnliche Lebenserfahrung hat wie ich und sich mit dem identifizieren kann, was ich täglich erlebe. Das muss ein ziemlich einzigartiger Mann sein. Aber ich warte darauf, dass Gott dieses Wunder für mich tut und möchte ihm dabei nicht im Weg stehen. Ich bin entschlossen, ihm zu vertrauen, egal was passiert – oder auch nicht passiert.

Weitergedacht

„Freue dich über den Herrn; er wird dir alles geben, was du dir von Herzen wünschst." (Psalm 37,4). Wenn du dich zuallererst an Gott erfreust, wird er sich um deine Zukunft kümmern. Niemand hat je gesagt, dass es leicht ist, auf Gottes Pläne für unsere Zukunft zu warten, aber wenn wir unser ganzes Vertrauen in ihn setzen, ist es möglich, das Warten nicht nur zu erdulden, sondern es sogar zu genießen!

Mitten ins Leben

Also, was tun in deiner Wartezeit? Deprimiert rumsitzen und Däumchen drehen? Auf keinen Fall! In dieser Wartezeit kannst du viele Dinge anpacken, die dich voranbringen. Du kannst an deiner Beziehung zu Familie und Freunden arbeiten. Oder Uneigennützigkeit üben, indem du anderen hilfst. Du kannst daran arbeiten, positive

Charaktereigenschaften zu entwickeln, die dir jetzt und einmal auch deinem zukünftigen Ehepartner zugutekommen. Du kannst mit viel Freude deine Hobbys ausüben. Ich beispielsweise saß total gerne mit einer Freundin im Café, ging schwimmen oder tanzen oder auf Schnäppchenjagd. Und: Du kannst für deinen zukünftigen Ehemann beten, und dafür, dass Gott sein Herz und seinen Körper für dich rein erhält. Also: Genieße das Leben!

35.
YOU ARE GOD'S NEXT TOPMODEL

Herr, ich danke dir dafür, dass du mich so wunderbar und
einzigartig gemacht hast!

PSALM 139,14

Denkanstoß

Ich habe schon einige Foto-Shootings für Zeitschriften gemacht und dabei den Vorteil gehabt, von Haar- und Makeup-Stylisten beraten zu werden. Man sollte meinen, dass ich mir diese Bilder ansehe und sagen kann: *Doch, da sehe ich ganz gut aus! Ich bin zufrieden mit mir.* Aber wie fast jede andere Frau auch, habe ich meine Mühe damit. Manchmal erwische ich mich dabei, dass ich mich mit Models und Schauspielerinnen vergleiche, obwohl so viele dieser Frauen viel zu dünn sind. Es ist nicht einfach, sich daran zu freuen, wie Gott uns gemacht hat. Ja, manchmal ist es ein täglicher Kampf – aber einer, den wir gewinnen können! Das kann uns dabei helfen, zufrieden mit uns zu sein.

Als ich in meiner Teenie-Zeit mit meinem Freund Schluss gemacht hatte, war das eine schwierige Zeit. Irgendwie konnte ich damals nicht viel essen, und dadurch wurde ich natürlich ziemlich dünn. Aber statt auf vernünftige Nahrungszufuhr zu achten, wollte ich gerne noch mehr Kilos verlieren. Es ist furchtbar, wenn man dauernd mit dem eigenen Aussehen unzufrieden ist. Viele Frauen sind genau an diesem Punkt sehr angreifbar. Ich glaube, wir müssen das Beste aus dem machen, was wir sind und haben. Und auf unseren Körper achten, indem wir zum Beispiel regelmäßig Sport treiben und uns gesund ernähren. Wir können doch nicht zulassen, dass der allgegenwärtige Schönheitswahn komplett unser Leben bestimmt! Ich habe mich schon oft viel zu sehr mit mir selbst und meinem Aussehen beschäftigt. Ich merke, dass ich dieses Problem immer wieder vor Gott bringen muss.

Die gute Nachricht ist: Wir können diesen Kampf gewinnen, wenn wir uns bewusst machen, dass Gott uns so liebt, wie wir sind. Wir sollten versuchen, uns immer wieder vor Augen zu halten, was Gott über uns denkt. Dafür ist es wichtig, regelmäßig Zeit mit ihm zu verbringen, damit er uns seine Liebe schenken kann. Außerdem brauchen wir Familie und Freunde, gegenüber denen wir ehrlich sein und sagen können: „Ich habe echt ein Problem in diesem Bereich. Bitte bete für mich, denn ich bin einfach zu sehr auf mein Aussehen fixiert."

Ich finde klasse, was die Schauspielerin Reese Witherspoon gesagt hat: „Weißt du was? Ich werde diesen Schlankheitswettbewerb eh nie gewinnen. Und das Rennen um Erfolg auch nicht. Ich möchte einfach, so gut wie es geht, ich selbst sein." Das finde ich super. Das ist mein Ziel. Gott freut sich wirklich über uns, denn wir sind seine Töchter! Wir sind wertvoll, weil wir zum König gehören.

Weitergedacht

Gott findet uns so klasse, dass er unseren Körper als seinen Tempel ansieht, also als einen Ort, an dem er wohnen kann. Eigentlich ist das ein total krasser Gedanke, oder?

In 1. Korinther 6,19–20 heißt es: „Oder habt ihr etwa vergessen, dass euer Körper ein Tempel des Heiligen Geistes ist, der in euch wohnt und den euch Gott gegeben hat? Ihr gehört also nicht mehr euch selbst. Gott hat euch freigekauft, damit ihr ihm gehört; nun dient auch mit eurem Körper dem Ansehen Gottes in der Welt."

Mitten ins Leben

In welcher Hinsicht fällt es dir schwer, mit deinem Körper umzugehen? Womit hast du zu kämpfen? Ist es ungesundes Essen? Zu wenig Sport? Irgendeine Sünde, mit der du deinen Körper regelmäßig malträtierst? Oder vergleichst du dich ständig mit anderen? Welcher Punkt es bei dir auch immer ist – mach dir bewusst, dass Gott dich wunderbar gemacht hat. Schreib mit Wachsmalstiften auf deinen Badezimmerspiegel: „Gott freut sich an mir. Gott schätzt mich sehr. Ich bin ihm wertvoll." Oder den 14. Vers aus Psalm 139. Und dann lass diese Wahrheit eine Woche lang in deinen Verstand sickern und beobachte mal, wie sie deine Sichtweise verändert.

36.

GEMEINSAM STATT EINSAM

Lasst uns aufeinander achten! Wir wollen uns zu gegenseitiger
Liebe ermutigen und einander anspornen, Gutes zu tun. Versäumt
nicht die Zusammenkünfte eurer Gemeinde, wie es sich einige
angewöhnt haben. Ermahnt euch gegenseitig dabeizubleiben.
Ihr seht ja, dass der Tag nahe ist, an dem der Herr kommt.
HEBRÄER 10,24–25

Denkanstoß

Aufgrund meiner Arbeit reise ich viel durch die Welt und bin dabei
schon an ziemlich dunkle Orte gekommen, um dort Christen zu ermutigen. Ich habe ein paar tolle Kathedralen und Kirchen gesehen,
aber oft gibt es darin keine lebendige Gemeinde mehr. Kirche hat
nichts mit toller Architektur zu tun, sondern mit Gemeinschaft, in
der der eine den anderen ermutigt und stärkt.

Wenn es bei dir in punkto „sexuelle Reinheit" oder in anderen
Lebensbereichen Dinge gibt, mit denen du Schwierigkeiten hast,
dann vertraue dich jemandem an, damit du ermutigt wirst und erlebst, was echte Freundschaft ausmacht. Du solltest dir jemanden
aussuchen, der dich so akzeptiert, wie du bist und dich nicht verur-
teilt. Gleichzeitig sollte diese Person jemand sein, der Wahrheit in
dein Leben sprechen darf, eine Beziehung zu Gott hat und dich sehr
gut kennt.

Gott hat uns dazu geschaffen, mit anderen in Gemeinschaft zu leben. Er weiß, dass wir einander brauchen, um das Leben zu meistern.

Einer der Lieblingstricks des Teufels ist es, uns dann anzugreifen, wenn wir verletzlich und allein sind. Er weiß, dass keiner von uns ihm gewachsen ist, wenn wir nicht von Gottes Stärke und ein paar guten Freunden unterstützt werden, die uns Mut machen, kluge Entscheidungen zu treffen. Such dir eine Gemeinde, in der du ermutigt wirst, Gott von ganzem Herzen zu suchen. Unsere Zeit auf der Erde ist kurz. Lass uns das Beste aus dieser Zeit machen und radikal für Gott leben! Wir können es schaffen, wenn wir uns gegenseitig unterstützen.

Weitergedacht

Wir können in Gemeinschaft leben – so wie Gott sie sich vorstellt –, wenn wir unsere Mitmenschen als unsere Nächsten ansehen. Im Neuen Testament fordert Paulus die Gemeinden heraus, folgende Wahrheiten in die Tat umzusetzen, die auch für uns heute noch gelten:

- Seid in herzlicher Liebe miteinander verbunden, gegenseitige Achtung soll euer Zusammenleben bestimmen. (Römer 12,10)

- Seid einmütig untereinander! Strebt nicht hoch hinaus, und seid euch auch für geringe Aufgaben nicht zu schade. Hütet euch vor Selbstüberschätzung und Besserwisserei. (Römer 12,16)

- Nehmt einander an, so wie Christus euch angenommen hat. Auf diese Weise wird Gott geehrt. (Römer 15,7)

- Deshalb sollt ihr einander Mut machen und einer den anderen stärken, wie ihr es auch schon tut. (1. Thessalonicher 5,11; NL)

Mitten ins Leben

Wenn du jemanden kennst, dem gegenüber du dich verletzlich machen kannst: Worüber könntest du dich diese Woche mit ihm austauschen? Ruft Gott dich dazu auf, eine andere Person zu ermutigen? Sei bereit, ihr zuzuhören und sprich Gottes Wahrheit, wie er sie dir eingibt, in ihr Leben hinein.

37.
DIE KRAFT SEINER VERGEBUNG

Wenn du jedes Vergehen gnadenlos anrechnest, wer kann dann vor
dir bestehen? Doch bei dir finden wir Vergebung. Ja, du vergibst,
damit wir dir in Ehrfurcht begegnen.

PSALM 130,3–4

Denkanstoß

Vor Jahren habe ich den Song „Go and sin no more" (Geh hin und
sündige nicht mehr) geschrieben, dem die Geschichte von der Begegnung zwischen Jesus und der Ehebrecherin (siehe Johannes 8,3–11)
zugrunde liegt. Diese Frau war von der wütenden Menge gefangen
und Jesus vor die Füße geworfen worden. Ihre Ankläger hatten beschlossen, dass sie schuldig ist, und wollten sie steinigen. Aber Jesus
wollte ihr vergeben. Also forderte er die Menge heraus: Es solle der
Mann vortreten und den ersten Stein werfen, der selbst ohne Sünde
ist. Verblüfft von seiner Aussage ließen sie einer nach dem anderen
ihre Steine fallen und räumten das Feld. Jesus half der Frau auf die
Füße, sah ihr in die Augen und sagte: „Frau, wo sind deine Ankläger?" Verwundert sah sie sich um und stellte fest, dass keiner mehr
da war, um sie wegen ihrer Sünde zu steinigen. „Auch ich verurteile
dich nicht", sagte Jesus. „Geh und sündige nicht mehr."

Diese Geschichte ist ein wunderschönes Beispiel für die Kraft, die
Gottes Vergebung hat! Sie enthält eine Botschaft, die uns alle an-

geht, egal, was wir getan haben. „Vergib mir", diese zwei Worte sind für unsere Beziehung zu Gott entscheidend. Wenn wir Jesus unser Leben geben, lebt sein Geist in uns und fängt an, uns von innen her zu verändern und zu erneuern. Wir alleine werden das nicht schaffen. Sogar Paulus hat ständig erlebt, wie er gegen sein eigenes Ich ankämpfen musste. Er schrieb an die Römer: „Ich will immer wieder Gutes tun und tue doch das Schlechte; ich verabscheue das Böse, aber ich tue es dennoch" (Römer 7,19).

Vergebung hat sehr viel mit Gnade zu tun. Jesus ist am Kreuz gestorben, nicht nur, damit wir gerettet werden und ewig leben können, sondern auch deshalb, damit wir immer wieder Vergebung in Anspruch nehmen können. Gott ist treu und vergibt es uns jedes Mal aufs Neue, vorausgesetzt, wir gestehen uns und ihm ein, dass wir Mist gebaut haben, und bitten ihn um Verzeihung. Vergebung ist ein Geschenk von Gott, aber er hat dafür einen sehr hohen Preis bezahlt: seinen geliebten Sohn Jesus.

Weitergedacht

Selbst wenn wir wissen, dass Gott uns vergeben hat, ist es manchmal schwer, uns selbst zu vergeben. In meinem Song „Forgive me" heißt es: „For all the times I've failed You, Lord ... for all the times I've fallen short ... forgive me." Für jedes Mal, wo ich dich im Stich gelassen habe ... für jedes Mal, wo ich es nicht geschafft habe ... bitte ich dich um Vergebung.

Daran sollten wir immer wieder denken. Wir können nur dann mit Gott verbunden sein, wenn wir ein reines Herz haben. Wenn wir die Worte „Vergib mir" aussprechen, schöpfen wir aus dem unendlichen Vorrat an Vergebung und Gnade, die Gott uns immer wieder neu anbietet.

Mitten ins Leben

Auf dieser Seite der Ewigkeit wird keiner jemals perfekt sein. Wenn du stolperst (über deine eigenen Gedanken, Worte oder Taten), dann mach dir bewusst, dass du Vergebung brauchst. Bitte Gott darum, dich noch näher zu ihm hinzuziehen. Hast du das Gefühl, dass du manche Dinge noch nie wirklich vor Gott gebracht hast? Schreibe sie auf – und bitte Gott heute darum, dir zu vergeben! Er hat versprochen, es zu tun (siehe 1. Johannes 1,9).

38.

ANDEREN VERGEBEN

Euer Vater im Himmel wird euch vergeben, wenn ihr den Menschen vergebt, die euch Unrecht getan haben. Wenn ihr ihnen aber nicht vergeben wollt, dann wird Gott auch eure Schuld nicht vergeben.
MATTHÄUS 6,14–15

Denkanstoß

Es ist wichtig, dass wir uns immer wieder von Gott vergeben lassen. Aber ebenso wichtig ist es, dass auch wir anderen vergeben und sie um Vergebung bitten. Jesus wusste, wie wesentlich das für unsere Beziehung zu Gott ist. Deshalb kommt das Thema Vergebung auch im Vaterunser vor: „Und vergib uns unsere Schuld, wie auch wir vergeben unseren Schuldigern." Wenn du den Menschen vergibst, die dir gegenüber schuldig geworden sind, folgst du dem Beispiel göttlicher Liebe, das Jesus uns gegeben hat. In Matthäus 5,23–24 und 18,15–17 steht, wie man sich mit jemandem versöhnen kann, der einem Unrecht getan hat.

Wenn *du* jemandem gegenüber schuldig geworden bist, geh zu dieser Person (oder schreib ihr einen Brief, falls ein persönliches Gespräch nicht möglich ist) und bitte sie von Herzen um Vergebung. Das bedeutet allerdings viel mehr, als einfach nur „Es tut mir leid" zu sagen. Wenn wir ernsthaft um Vergebung bitten, dann bringen wir damit unseren tiefen Herzenswunsch zum Ausdruck, dass wir zu einer wirklichen Veränderung bereit sind, und uns verpflichten, dieses Versprechen auch zu halten.

Vielleicht hat dich in der Vergangenheit jemand ausgenutzt. Du kannst nicht ändern, was passiert ist, aber du kannst bestimmen, wie du damit umgehen willst. Unversöhnlichkeit ist wie ein Gefängnis, aber den Schlüssel zu diesem Gefängnis hast nur du! Öffne dein Herz, indem du Gott bittest, dir zu helfen, anderen Menschen zu vergeben. Dann wirst du frei sein und Gottes Nähe genießen können.

Weitergedacht

Anderen zu vergeben ist wahrscheinlich eine der schwierigsten Aufgaben für uns Christen. Vielleicht hat das Neue Testament deshalb so viel zu diesem Thema zu sagen, zum Beispiel Folgendes: „Aber wenn ihr ihn um etwas bittet, sollt ihr vorher den Menschen vergeben, mit denen ihr nicht zurechtkommt. Dann wird euch der Vater im Himmel eure Schuld auch vergeben" (Markus 11,25).

In den Augen Gottes ist Vergebung unumgänglich. Einfacher gesagt: Wir *sollen* anderen vergeben. Punkt.

Zum Weiterlesen: Lukas 17,3–4; Kolosser 3,13

Mitten ins Leben

Gibt es Menschen, die du um Vergebung bitten solltest? Bitte Gott, dir gedanklich auf die Sprünge zu helfen und dir den Mut zu schenken, diesen Schritt zu gehen.

Gibt es noch jemanden, dem du vergeben solltest? Egal, wie tief die Wunde ist: Gott ruft dich dazu auf, dem anderen Vergebung anzubieten. Mit Gottes Hilfe kannst du alles schaffen – sogar das.

39.

BESCHEIDENHEIT IST „IN"

Ihr seid von Gott auserwählt und seine geliebten Kinder, die zu ihm
gehören. Darum sollt ihr euch untereinander auch herzlich lieben
mit Barmherzigkeit, Güte, Bescheidenheit, Nachsicht und Geduld.
KOLOSSER 3,12

Denkanstoß

Eine der für mich peinlichsten Situationen überhaupt erlebte ich
einmal während einer Europa-Tournee. Bei einem Konzert in Wales
kamen mir die Leute ziemlich distanziert vor. Ich hätte gleich merken müssen, dass es dafür sicher einen guten Grund gab. An dem
Abend trug ich über meiner Hose einen schwarzen Rock, auf den ein
rotes S-Muster gestickt war. Nach dem Konzert kam ein Mädchen
auf mich zu und fragte: „Weißt du eigentlich, dass überall auf deinem Rock das Wort ‚Sex' steht?" Ich war wie erstarrt, weil mir nicht
klar war, dass das Muster dieses Wort ergab!

Wie immer hatte ich während des Konzerts über meine Jungfräu-
lichkeit und sexuelle Enthaltsamkeit gesprochen. Ich fragte das
Mädchen: „Weißt du, ob das sehr vielen Leuten aufgefallen ist?"

Sie sagte: „Na ja, während der Pause haben eigentlich fast alle darüber gesprochen."

Ich habe mich total geschämt und wäre am liebsten im Boden ver-
sunken.

Der Rock hatte versehentlich eine ganz andere Botschaft vermittelt als meine Lieder – und natürlich überhaupt nicht das, was ich eigentlich hatte kommunizieren wollen. Ein Desaster! Ich glaube, die Frage „Stimmt das, was du sagst, mit dem überein, was du äußerlich darstellst?" ist eine sehr wichtige.

Ich habe mal ein T-Shirt mit der Aufschrift „Modest is hottest" (anständig ist „in") gesehen. Das ist ein geniales Motto, finde ich. Anständigkeit oder Bescheidenheit bedeutet viel mehr, als sich nicht aufreizend anzuziehen. Jemand, der bescheiden ist, weiß die eigenen Fähigkeiten einzuschätzen, ist nicht dreist oder direkt, nicht eitel oder eingebildet. Er ist attraktiv für andere, weil er sich eher um andere als um sich selbst kümmert. Ein bescheidener Mensch drängt sich nicht ins Rampenlicht, sondern nimmt lieber eine Rolle hinter den Kulissen ein. In meinem Beruf kann das schwierig werden, weil man ja ständig im Rampenlicht steht. Deshalb ist Bescheidenheit etwas, an dem ich kontinuierlich arbeite. Aber bescheiden sein bedeutet nicht, sich kleinzumachen. Jemand, der bescheiden ist, kann sehr wohl sehr selbstsicher sein, weil er sich in seiner Rolle wohlfühlt und sich nicht ständig beweisen muss.

Weitergedacht

Jesus ist unser Vorbild, denn er war stark, aber sanft. Selbstsicher, aber mitfühlend. Und in jeder Hinsicht klug, aber trotzdem demütig. Paulus fordert uns heraus: „Weder Eigennutz noch Streben nach Ehre sollen euer Handeln bestimmen. Im Gegenteil, seid bescheiden, und achtet den anderen mehr als euch selbst. Denkt nicht an euren eigenen Vorteil, sondern habt das Wohl der anderen im Auge."

Zum Weiterlesen: Philipper 2,3–8

Mitten ins Leben

Nimm dir etwas Zeit, darüber nachzudenken, wie du lebst, dich an-
ziehst und über andere redest. Ist die Botschaft, die du durch dein
Auftreten und Verhalten rüberbringst, stimmig?

40.
DIE LÜGE ÜBER SEX

Gebt den Angeboten und Verlockungen dieser Welt nicht nach.
Es geht in diesem Kampf um euren Glauben! Lebt stattdessen
so vorbildlich, dass die Menschen, die Gott nicht kennen,
darauf aufmerksam werden.

1. PETRUS 2,11

Denkanstoß

Wir leben in einer Welt, die von der Einstellung „Wenn es sich gut anfühlt, dann machs doch einfach" geprägt ist. Wir hören ständig Botschaften wie „Kondome sind eine gute Sache" oder „Oralsex ist nicht wirklich Sex." Beide Aussagen sind falsch. Leider vermittelt unsere Gesellschaft den Eindruck, dass man Sex haben muss, um glücklich und erfüllt zu sein.

Marketing-Experten wissen nur zu gut, dass das Prinzip „sex sells" sehr gut funktioniert. Das Ergebnis: Teenagerschwangerschaften und Abtreibungen mit den entsprechenden, oft lebenslangen körperlichen und seelischen Folgen. Sehr viele Menschen haben auf die harte Tour lernen müssen, dass Sex außerhalb der Ehe nur für kurze Zeit glücklich macht. Enthaltsamkeit ist der einzige sichere Schutz.

Ich setze mich sehr für dieses Thema ein, weil ich mitbekommen habe, wie so viele Mädchen und Frauen schon betrogen wurden.

Uns wird weisgemacht, dass es vollkommen egal ist, wie wir mit Sex umgehen – aber es wird verschwiegen, welchen Preis wir dafür bezahlen müssen! Wir müssen andere vor den Folgen warnen: „Glaubt die Lügen nicht. Ich kann euch erklären, warum das, was Gott möchte, besser ist." Die Vorteile der Enthaltsamkeit wiegen so viel mehr als kurzzeitige sexuelle Vergnügen außerhalb der Ehe.

Fünf gute Gründe für sexuelle Enthaltsamkeit

* Du musst deinem zukünftigen Ehemann gegenüber deine Vergangenheit nicht erklären.

* Du musst keine Angst haben, Aids oder Geschlechtskrankheiten zu bekommen.

* Du musst dich nicht selbst anklagen und mit Schuldgefühlen leben.

* Du brauchst dir keine Sorgen darüber zu machen, einen schlechten Ruf zu bekommen.

* Du weißt, dass du mit diesem Bereich deines Lebens genau Gottes Willen folgst.

Weitergedacht

Paulus schreibt: „Darum rate ich euch: Lasst euer Leben von Gottes Geist bestimmen. Wenn er euch führt, werdet ihr allen selbstsüchtigen Wünschen widerstehen können. (...) Wenn ihr aber aus der Kraft des Geistes lebt, seid ihr den Forderungen des Gesetzes nicht länger unterworfen. Gebt ihr dagegen euren selbstsüchtigen Wünschen nach, ist offensichtlich, wohin das führt: zu sexueller Zügellosigkeit, einem sittenlosen und ausschweifenden Leben ..." (Galater 5,16–19).

Mitten ins Leben

Welche Botschaften über Sex vermitteln dir die Medien? Welcher Punkt auf der Liste „Fünf gute Gründe für sexuelle Enthaltsamkeit" hat dich am meisten angesprochen? Kennst du jemanden, der hören sollte, dass Gottes Weg der beste Weg ist? Bete für diese Person und dann warte auf eine Gelegenheit, mit ihr zu reden.

41.
LIEBEVOLLE VERÄNDERUNG

Geht liebevoll miteinander um, so wie auch Christus euch
seine Liebe erwiesen hat.

EPHESER 5,2

Denkanstoß

Vor einigen Jahren habe ich es mir zum Ziel gesetzt, einmal in einem Musical mitzuspielen. Und tatsächlich bekam ich irgendwann die Gelegenheit dazu. Ich spielte die Rolle der Maggie in der Rock-Oper „!Hero", einer sehr modernen Produktion. Die Figur war eine Mischung aus zwei biblischen Gestalten: Maria Magdalena und die Frau am Jakobsbrunnen. Ich glaube, Gott hat mir ein besonderes Verständnis für dieses Mädchen gegeben. Durch meiner Einstellung zu sexueller Enthaltsamkeit vor der Ehe bin ich im Lauf der Jahre mit vielen „Maggies" in Kontakt gekommen. Sie haben mir geschildert, wie sehr ihr Leben auf schmerzhafte Weise verändert wurde – so ähnlich wie bei Maggie in dem Musical.

Als Maggie – in einem sehr provokanten Outfit – zum ersten Mal die Bühne betritt, ist sie hart und wütend. Der „Hero" (Jesus) kennt ihre Geheimnisse. Maggie ist ein Mädchen, das sich sehr danach sehnt, die Wahrheit zu ergreifen, die Jesus ihr anbietet. Sie sieht, dass er ihr echtes Leben und wahre Liebe anbietet, also wird sie seine Nachfolgerin.

Als ich mich tiefer mit Maria Magdalena beschäftigte, war ich beeindruckt davon zu erfahren, wie liebevoll und respektvoll sie sich Jesus gegenüber verhielt. Ich spürte die Ehrerbietung, die sie für ihn hatte. Es hat mir echt Spaß gemacht, die Maggie zu spielen, weil sie uns allen Hoffnung gibt. Als Jesus ihr zum ersten Mal begegnet, ist sie ein „Schmuddelkind" von der Straße, aber er verändert ihr Leben radikal. Ich bin begeistert von der Gnade und der Liebe, die Jesus ihr zeigt. Genau diese Gnade und Liebe bietet er auch uns – mir und dir – an!

Weitergedacht

Maria kam aus Magdala, einem wichtigen Handelszentrum am nordwestlichen Ufer des See Genezareth. Der Evangelist Lukas berichtet, dass Jesus sieben Dämonen bei ihr ausgetrieben hat (siehe Lukas 8,2). Sie konnte nicht vergessen, wie liebevoll er ihr begegnet ist und wurde eine seiner treuesten Nachfolgerinnen.

Maria gehörte zur Gruppe von Frauen, die ihn mit eigenen Mitteln versorgten. Sie begleitete ihn und die Jünger kurz vor seinem Tod nach Jerusalem. Sie war bei der Kreuzigung dabei. Und schließlich kam sie zum Grab, um den Leichnam zu salben. Am Ostermorgen berichtete sie dann, dass das Grab leer ist, und gab die Botschaft des Engels an die Jünger von Jesus weiter.

Maria Magdalena wurde die Ehre zuteil, Jesus nach seiner Auferstehung als Erste zu Gesicht zu bekommen (siehe Johannes 20,11–18). Zweifellos hat sie den Rest ihres Lebens damit verbracht, anderen von ihrer tiefgreifenden Veränderung zu erzählen.

Mitten ins Leben

Hast du schon einmal gehört, wie Gott leise deinen Namen flüstert? Nimm dir heute ein bisschen Zeit dafür, ihm für das zu danken, was er in deinem Leben getan hat, und ihn zu bitten, dich weiter zu verändern.

42.
FÜR GOTT LEBEN – VOLL UND GANZ

Für alle ist sichtbar: Ihr seid ein Brief von Christus, ausgefertigt
und überbracht durch meinen Dienst als Apostel.
Dieser Brief ist nicht mit Tinte geschrieben, sondern mit dem Geist
des lebendigen Gottes. Er steht nicht auf Steintafeln,
sondern in den Herzen von Menschen.

2. KORINTHER 3,3; GN

Denkanstoß

Es gibt ein paar praktische Dinge, die uns dabei helfen können, rein zu bleiben. Eine hilfreiche Frage ist: „Wie denkt Gott über das, was ich gerade tue?" Und eine zweite Frage ist: „Gebe ich Gott mit meinem Handeln immer die Ehre?" Wenn du dir diese Fragen stellst, dann bitte Gott um Kraft dafür, standhaft zu bleiben.

Ich möchte konsequent sein, egal, ob ich auf der Bühne bin oder nicht. Als Älteste von sieben Geschwistern habe ich immer eine große Verantwortung gespürt. Ich möchte ein Leben führen, das Gott ehrt, und meine Rolle als Künstlerin ermutigt mich dazu, noch radikaler für ihn zu leben. Ein Zitat von Franz von Assisi hat mich sehr inspiriert: „*Predige das Evangelium* zu jeder Zeit; wenn nötig, gebrauche Worte." Es geht also in erster Linie darum, durch unser Leben Gottes Liebe zu unseren Mitmenschen zu bringen. Wir sind für andere ein Brief, in dem sie lesen können, wie Gott ist. Natürlich können wir niemals perfekt sein. Aber es ist so wichtig, das zu leben, von dem wir behaupten: „Ja, das glaube ich!"

Weitergedacht

Das griechische Wort „doxazo", das wir mit „verherrlichen" übersetzen, bedeutet ursprünglich „etwas als glorreich erachten; ehren; erheben." Das Wort wird oft in den Psalmen verwendet, wo es den Lobpreis bezeichnet, den wir Gott durch Lieder darbringen. In einem weiteren Sinne meint es auch, dass wir Gott mit unserem *ganzen* Leben ehren sollen.

Mitten ins Leben

Bete heute dieses einfache Gebet: „Gott, ich möchte dich mit meinem Verstand, meinem Herzen und meinem Körper ehren. Lehre mich, was es heißt, deinen Namen durch meine Gedanken und mein Handeln zu verherrlichen. Hilf mir dabei, nach deinem Willen zu leben und ein Brief von Jesus zu sein."

43.

DIE ROMANTIK DES WARTENS

Durch Christus sind wir frei geworden, damit wir als Befreite leben.
Jetzt kommt es darauf an, dass ihr euch nicht wieder vom Gesetz
versklaven lasst. (…) Durch Christus wurde euch die Freiheit
geschenkt, liebe Brüder und Schwestern! Das bedeutet aber nicht,
dass ihr jetzt tun und lassen könnt, was ihr wollt.
Dient vielmehr einander in Liebe.
GALATER 5,1.13

Denkanstoß

Tief im Inneren wissen viele junge Leute, dass sie auf dem richtigen Weg sind, wenn sie bis zur Ehe mit dem Sex warten. Und sie möchten einfach in diese Richtung ermutigt werden. Die meisten Mädchen, die ich bisher getroffen habe, sind im Grunde totale Romantikerinnen und möchten in diesem Bereich stark bleiben. Sie wollen ihr Herz und ihren Körper wie einen Schatz behüten.

Viele junge Frauen haben ihrem zukünftigen Ehemann einen Brief geschrieben. Vielleicht hast du das ja auch schon gemacht. Falls nicht, möchte ich dir hiermit Mut machen, das mal zu versuchen. Etwas Schriftliches zu haben, das man seinem Liebsten eines Tages geben kann, ist eine originelle Idee und kann eine große Hilfe für die „Wartezeit" sein. Ich glaube auch, Jungs mögen die Vorstellung, dass ein Mädchen wartet.

Gott hat uns so geschaffen, dass wir uns nach Nähe sehnen und nach einer Person, die uns genau kennt und trotzdem liebt. Wir möchten unser Herz und unser Leben mit anderen teilen. Jungs sind so geschaffen, dass sie gern beschützen; Mädchen sehnen sich danach, beschützt zu werden. Unsere Kultur hat diese Romantik aber ziemlich verzerrt. Was uns in Filmen und im Fernsehen präsentiert wird, ist schneller Sex, der egoistisch und auf kurzfristige Befriedigung ausgerichtet ist. Aber Sex, wie Gott ihn sich ausgedacht hat, ist etwas viel Größeres, viel Schöneres.

Wir können den Kampf gegen allerlei Versuchungen tatsächlich gewinnen. Ich habe schon viele junge Leute getroffen, die fest beschlossen haben, zu warten. Und ich glaube, was ihnen dabei hilft, stark zu bleiben, ist der Kontakt mit anderen Leuten, die auch warten wollen. Such dir Gleichgesinnte! Wenn du Freunde hast, die auch warten möchten, könnt ihr euch gegenseitig ermutigen!

Weitergedacht

Die Geschichte von Isaak und Rebekka ist voller Spannung und Romantik. Als Isaaks Mutter Sarah gestorben war, schickte Abraham seinen Diener los, um in seiner Heimat Mesopotamien eine Frau für seinen Sohn Isaak zu suchen. Als der Diener an einem Brunnen außerhalb der Stadt Nahor Rast machte, sah er eine Frau, die „noch unverheiratet und sehr schön" (1. Mose 24,16) war. Nachdem sie ihm und seinen Kamelen zu trinken gegeben hatte, wusste der Diener, dass Rebekka diejenige war, die Gott ausgesucht hatte, denn er hatte Gott um ein Zeichen gebeten. Die Heirat wurde vereinbart und Rebekka erklärte sich bereit, mit dem Diener zurückzugehen und Isaak zu heiraten, den sie noch nie gesehen hatte. Sie vertraute auf den Plan, den Gott hatte. Und Isaak „nahm sie zur Frau und gewann sie sehr lieb" (1. Mose 24,67).

Ich empfehle dir nicht, jemanden zu heiraten, den du gar nicht kennst (z. B. einen Bekannten aus dem Chat). Aber genau wie Rebekka kannst du auf das vertrauen, was Gott für deine Zukunft geplant hat.

Mitten ins Leben

Was lösen die Worte Romantik, Zweisamkeit, Partnerschaft in dir aus? Was verbindest du damit? Gott bittet dich darum, deinen Wunsch nach einer Beziehung an ihn abzugeben. Er weiß, was am besten ist, und sein Timing ist immer perfekt. Vertraue ihm!

44.

DER GROSSE UNBEKANNTE

Der Herr hat euch doch längst gesagt, was gut ist! Er fordert von euch nur eines: Haltet euch an das Recht, begegnet anderen mit Güte, und lebt in Ehrfurcht vor eurem Gott!
MICHA 6,8

Denkanstoß

Ich bin früher oft gefragt worden, wie ich mir meinen potenziellen Ehemann vorstelle. Ich hatte da keine lange Liste. Aber sehr wichtig war mir, dass ich seine Liebe zu Gott *sehen* kann. Das ist es, was jemanden für mich attraktiv macht. Ich sah ihn schon vor mir, wie er am Tisch sitzt und in der Bibel liest ... Ich dachte mir: *Wenn er gerne Zeit mit Gott verbringt, wird mich das dazu herausfordern, selbst auch mehr Zeit mit Gott zu verbringen.*

Mein Ehemann sollte außerdem Kinder lieben. Ich war schon immer total begeistert, wenn ich Jungs sah, die kleine Kinder auf sich herumkrabbeln ließen. *Wenn er gut mit Kindern umgehen kann, sagt das viel über seinen Charakter aus,* überlegte ich. *Es bedeutet, dass er jemand ist, der nicht ständig nur an sich denkt. Es ist ihm wichtig, andere Menschen zu erfreuen – vor allem kleine Menschen!*

Ich stellte mir vor, dass mein Zukünftiger und ich eines Tages eigene Kinder haben und abends mit ihnen beten und sie ins Bett bringen würden ...

Ich wusste lange nicht, wer dieser „große Unbekannte" ist, aber ich schrieb ihm viele Liebesbriefe! Ich beschrieb ihm darin Dinge, die zu dem betreffenden Zeitpunkt meines Lebens gerade wichtig waren, damit er eine Vorstellung davon bekommen kann, wie mein Leben ohne ihn ausgesehen hat ... Es macht Spaß, von seinem zukünftigen Partner zu träumen, findest du nicht?

Weitergedacht

In Titus 1 gibt es eine Liste, die benennt, welche Eigenschaften ein Mensch haben soll: er soll tadellos sein, nicht arrogant, ohne aufbrausendes Temperament, klug, ehrlich, nicht egoistisch, besonnen, zuverlässig ... Einen Mann zu finden, der all diese Eigenschaften hat, ist natürlich unmöglich. Das wäre der perfekte Gottesmann, der nur Jesus sein kann. Aber seinem Vorbild sollte man (und frau) schon nacheifern.

Mitten ins Leben

Lies einmal in Titus 1,5–9 nach, welche Eigenschaften ein Mann haben soll, der nach Gottes Willen leben will. Und jetzt denke an deinen Zukünftigen: Welche dieser Eigenschaften hat für dich oberste Priorität? Ergänze diese „Liste" mit Dingen, die dir am wichtigsten sind. Und jetzt denk über dich selbst nach. Welche Eigenschaft ist für dich am schwierigsten zu leben? Warum? Und wie wärst du gerne? Sprich mit Gott über deine Wünsche.

45.

DIE VORZÜGE DES SINGLE-LEBENS

Eine unverheiratete Frau sorgt sich uneingeschränkt darum,
mit Leib und Seele zum Herrn zu gehören. Aber eine verheiratete
Frau sorgt sich um menschliche Belange und will ihrem Mann
gefallen. Ich sage dies alles nicht, um euch durch irgendwelche
Vorschriften einzuengen, sondern um euch zu helfen.
Ich möchte, dass ihr ein vorbildliches Leben führt und
unbeirrt nur das eine Ziel verfolgt, beim Herrn zu bleiben.

1. KORINTHER 7,34–35

Denkanstoß

Manchmal frustrierte es mich, dass ich so lange auf meinen Ehemann warten musste. Doch Gott hatte mich dazu aufgefordert, meinen Traum von der Ehe komplett an ihn abzugeben. Das war schwer, aber ich habe gebetet: „Gott, ich liebe dich, selbst wenn du mir keinen Ehepartner schenkst. Und ich vertraue darauf, dass du weißt, was am besten für mich ist." Der bloße Gedanke daran, das sagen zu müssen, hatte mich zum Weinen gebracht. Aber ich hatte einfach erkannt, dass Gott eben Gott ist, und dass er mich kennt und mich mehr liebt als irgendjemand sonst es jemals könnte. Und falls es irgendeinen Grund in seinem göttlichen Plan dafür gegeben hätte, dass ich nicht heiraten sollte, dann hätte er den gekannt. Ich vertraute darauf, dass er das in meinem Leben geschehen lässt, was am besten für mich ist. Und dabei habe ich irgendwann tiefen Frieden gefunden.

Ich war nicht so naiv zu denken, dass mir eine solche Einstellung immer leicht fallen würde oder ich nicht auch Tage erleben würde, an denen ich mich einsam fühle. Aber an solchen Tagen wusste ich, dass ich Teil einer starken Gemeinschaft bin, auf die ich mich verlassen kann. Und ich besann mich auf das, was ich für wahr hielt, auch wenn ich es nicht fühlte: Gott liebt mich, er weiß, was am besten für mich ist, und er hat seine Gründe für das, was in meinem Leben passiert. Und echt: Das reicht vollkommen aus!

Weitergedacht

In 1. Korinther 7 zählt Paulus ein paar Vorteile des Single-Seins auf:

- Dein Körper gehört Gott allein. (Vers 4)

- Du hast mehr Zeit für Gebet und Zeit in Gottes Nähe als jemand, der verheiratet ist. (Vers 5)

- Du kannst dich ganz darauf konzentrieren, Gott zu gefallen, anstatt in Gefahr zu geraten, vor allem deinem Ehemann gefallen zu wollen. (Vers 32–34)

Heiraten ist nicht die Lösung aller Lebensprobleme, auch wenn Singles das manchmal vielleicht denken. Auch Verheiratete haben mit Einsamkeit und sexueller Versuchung zu kämpfen. Und es ist mit Sicherheit schlimmer, die falsche Person zu heiraten als gar nicht zu heiraten! Viel zu viele Leute haben sich mit weniger zufriedengegeben als Gott für sie im Sinn hatte, indem sie geheiratet haben, statt zu warten. Dabei wollte Gott sie vielleicht durch sein Timing vor

Schwierigkeiten bewahren. Gott kennt uns wirklich am besten und liebt uns am meisten. Er ist es wert, dass wir ihm unsere Gegenwart und unsere Zukunft anvertrauen.

Mitten ins Leben

Egal, ob du Single oder verheiratet bist – es kommt letztlich immer auf die eine Frage an: Hast du deinen Willen und deine Zukunft an Gott abgegeben? Das ist ein krasses Gebet, aber ich empfehle dir trotzdem, jeden Tag genau damit zu beginnen. Du könntest etwa Folgendes beten: „Jesus, ich lege diesen Tag und meine Zukunft vor dich hin. Ich unterwerfe meine Wünsche deinem Willen für mein Leben." Warum nicht heute damit anfangen?

46.

UNEIGENNÜTZIGE LIEBE

Liebe ist geduldig und freundlich. Sie ist nicht verbissen,
sie prahlt nicht und schaut nicht auf andere herab.
Liebe verletzt nicht den Anstand und sucht nicht den eigenen
Vorteil, sie lässt sich nicht reizen und ist nicht nachtragend.

1. KORINTHER 13,4–5

Denkanstoß

Ich war noch ein kleines Mädchen, als ich zum ersten Mal von ihr hörte. Ich kam ins Wohnzimmer, wo meine Eltern gerade eine TV-Dokumentation über sie ansahen: Mutter Teresa. Seitdem ist diese Frau eine meiner größten Heldinnen. Ihre Liebe zu Gott war so groß, dass sie sie einfach auf ganz außergewöhnliche Weise an andere weitergeben musste. Das war in allem, was sie gesagt und getan hat, total offensichtlich. Sie hat in jedem einzelnen Menschen – Sterbende, Lepra-Kranke, Ausgestoßene – Jesus selbst gesehen. Sie hatte keine Angst, Kranke zu berühren. Sie konnten nichts tun, um ihre Liebe zu erwidern, aber Mutter Teresa hat ihnen trotzdem Liebe geschenkt.

Genau das ist die bedingungslose Liebe, zu der wir berufen sind. Vieles von dem, was in unserer Kultur als „Liebe" bezeichnet wird, ist genau das Gegenteil davon: Sie ist an Bedingungen geknüpft, eigennützig und nur darauf aus, was sie bekommen kann. Ich habe mit so vielen Mädchen gesprochen, die es bereut haben, sich auf Sex vor der Ehe einzulassen, und viele von ihnen haben gesagt: „Er hat gesagt, dass er mich wirklich liebt, also habe ich nachgegeben." Später wurde dann klar, dass der Typ sie gar nicht wirklich liebte, sondern nur auf Sex aus war. Das ist eigennützige Liebe. Uneigennützige Liebe dagegen sieht auf das, was für den anderen das Beste ist. Uneigennützige Liebe ist geduldig. Uneigennützige Liebe kann warten.

In Lukas 6,35–38 sagt Jesus: „Ihr sollt ihnen helfen, ohne einen Dank oder eine Gegenleistung zu erwarten. Dann werdet ihr reich belohnt werden: Ihr werdet Kinder des höchsten Gottes sein. (...) Gebt, was ihr habt, dann werdet ihr so reich beschenkt werden, dass ihr gar nicht alles aufnehmen könnt. Mit dem Maßstab, den ihr an andere legt, wird man auch euch messen."

Auf einer Reise nach Indien habe ich vor ein paar Jahren das Grab von Mutter Teresa besucht. Für mich war das ein krasses Erlebnis. Auf dem Grabstein stehen die Worte von Jesus: „Liebt, so wie ich euch geliebt habe." Könnte die Welt nicht so anders sein, wenn jeder den anderen so ansehen könnte, als sei es Jesus selbst – und nicht wie jemanden, den man benutzt und dann wegwirft? Andere werden aufmerksam werden, wenn wir dem Beispiel von Jesus folgen und Menschen sanft, aufopferungsvoll und uneigennützig lieben.

Weitergedacht

Paulus schreibt: „Bleibt keinem etwas schuldig! Eine Verpflichtung allerdings könnt ihr nie ein für alle Mal erfüllen: eure Liebe untereinander. Nur wer seine Mitmenschen liebt, der hat Gottes Gesetz erfüllt. Die Gebote: ,Du sollst nicht die Ehe brechen; du sollst nicht töten; du sollst nicht stehlen; begehre nicht, was anderen gehört' und alle anderen Gebote lassen sich in einem Satz zusammenfassen:

‚Liebe deinen Mitmenschen wie dich selbst.' Denn wer seinen Mitmenschen liebt, tut ihm nichts Böses. So wird durch die Liebe das ganze Gesetz erfüllt" (Römer 13,8–10).

Mitten ins Leben

Gott möchte, dass du in allen deinen Beziehungen Liebe walten lässt. Er ruft dich dazu auf, so zu lieben, wie er dich liebt: bedingungslos, uneigennützig, ohne die Erwartung, etwas zurückzubekommen. Bitte Gott darum, jedem Menschen, den du heute triffst, aufmerksam und liebevoll zu begegnen.

47.

UNSERE SICHERHEIT

Dein Schlaf ist ruhig und tief; vor nichts brauchst du dich zu
fürchten – auch nicht vor dem Unglück, das gottlose Menschen
plötzlich trifft. Denn der Herr beschützt dich;
er lässt dich nicht in eine Falle laufen.
SPRICHWÖRTER 3,24–26

Denkanstoß

Vor ein paar Jahren war ich mit ungefähr 800 Teenie-Mädchen in Panama, wo sie sich auf einen Missionseinsatz in Ecuador vorbereiteten. Mir fiel auf, dass manche Mädels Probleme mit ihrem Aussehen hatten. Manche ritzten sich, weil sie sich so schrecklich fanden oder emotional so abgestumpft waren, dass sie froh waren, überhaupt irgendetwas zu fühlen, selbst wenn es Schmerz ist. Manche litten unter Anorexie oder Bulimie, andere hatten Probleme mit homosexuellen Gefühlen. Man denkt schnell, dass solche Probleme nur außerhalb der Gemeinde vorkommen, aber das stimmt absolut nicht.

Viele Mädchen haben Probleme mit ihrem Aussehen, weil uns ständig so viele falsche Vorstellungen von Schönheit präsentiert werden. Manchmal halten wir das, was wir da sehen, für normal. Vielleicht fühlen wir uns allein gelassen und ungeliebt. Aber dann müssen wir uns bewusst machen, dass es wirkliche und bleibende

Sicherheit und Angenommensein nur bei Gott gibt. Wir haben alle das Grundbedürfnis, beschützt, in Liebe eingehüllt und vor Gefahr bewahrt zu werden.

Während einer schwierigen Zeit in meinem Leben, in der ich mich sehr einsam, hoffnungslos und schutzlos fühlte, habe ich oft in meiner Verzweiflung zu Gott geschrien. Meine Zukunft sah düster und leer aus. Aufgrund meiner Probleme schaltete ich in eine Art Selbstschutz-Modus. Das heißt, ich schaltete ab und verschloss mich. Als ich meinem Pastor meine Situation schilderte, fragte er: „Rebecca, ist Gott vertrauenswürdig?" Als ich bejahte, sagte er mir: „Dann vertrau ihm." Diese Worte hatten echt Power! Mir wurde endlich klar, wie sehr ich mich auf mich selbst verlassen und versucht hatte, stark und unabhängig zu sein, anstatt meine Identität und meine Sicherheit in Gott zu finden.

Weitergedacht

Als König David den Angriffen seiner Feinde ausgesetzt war, stellte er sich vor, dass Gott ihm im Schatten seiner mächtigen Flügel Schutz bietet. Er betete: „Behüte mich wie einen Augapfel und gib mir Zuflucht unter dem Schatten deiner Flügel" (Psalm 17,7–8; NL). Was für ein tolles Bild für Gottes Stärke und seinen Schutz, den er uns allezeit gewähren will!

Zum Weiterlesen: Psalm 36,8; Psalm 57,1; Psalm 63,8–9

Mitten ins Leben

In welchen Bereichen deines Lebens fühlst du dich unsicher? Was hilft dir, wenn du dich allein und schutzlos fühlst? Glaubst du, dass Gott dich wirklich beschützen kann? Gott ist die größte Quelle deiner Sicherheit. Was kannst du konkret tun, um deine Gedanken auf diese Wahrheit zu „programmieren"?

48.

EINER TRAGE DES ANDEREN LAST

Jeder soll dem anderen helfen, seine Last zu tragen. Auf diese
Weise erfüllt ihr das Gesetz, das Christus uns gegeben hat.
GALATER 6,2

Denkanstoß

Es war ein Event, an dem man gar nicht teilnehmen musste, um davon angesteckt zu werden. Man musste noch nicht einmal dabei sein. Ich habe mir das „Eco-Challenge" angesehen, als ich am anderen Ende der Welt mit meinem Wohnmobil auf Tournee war – und zwar per Video – und Monate, nachdem das Wettrennen in meiner australischen Heimat stattgefunden hatte. Der sogenannte „Eco-Challenge" besteht aus knapp 500 Kilometern Kajak fahren, Wandern, Mountainbike fahren, Klettern, Walken und Wildwasser-Rafting. Komplett anstrengend, auch nur daran zu denken! Der Wettstreit dauert sieben bis zehn Tage, der nur kurz von kleinen Pausen unterbrochen wurde. Die Organisatoren sagen, dass es bei dem Rennen vor allem auf gute Kommunikation, Mitgefühl und den Blick auf das Ziel ankommt: nämlich bis zum Ende durchzuhalten und das Rennen als Team abzuschließen.

Die Teilnehmer kamen aus aller Welt. Für mich war eigentlich klar, dass ich meine australischen Landsleute unterstützen würde, aber als ich mir das Rennen ansah, waren es drei Männer und eine junge Frau aus China, die mich besonders beeindruckten. Sie waren in dem rauen australischen Terrain ganz gut vorangekommen, als der Alptraum begann. Die Chinesin verletzte sich am Fuß und war sichtlich angeschlagen. Trotzdem machte sie weiter, bis sie nach vielen weiteren Kilometern einfach nicht mehr konnte. Eine Riesenstrecke lag noch vor ihnen, aber mit einem verletzten Teammitglied war es ziemlich wahrscheinlich, dass sie das Rennen würden aufgeben müssen.

Eine der wichtigsten Regeln beim „Eco-Challenge" ist, dass alle Team-Mitglieder die Ziellinie gemeinsam überqueren müssen. Und das ist der Punkt, an dem mich das chinesische Team wirklich herausgefordert hat – mich, die ich gemütlich in meinem Wohnmobil in Amerika saß und mir ihre Plackerei auf dem Bildschirm ansah. Dann passierte etwas sehr Bemerkenswertes: Anstatt aufzugeben, gaben die Starken den Schwachen etwas von ihrer Stärke ab. Die Männer wechselten sich damit ab, ein Stück vorauszulaufen, um sich dann kurz ausruhen zu können. Sobald der Rest des Teams wieder aufgeschlossen hatte, konnte das ausgeruhte Team-Mitglied die junge Frau eine kurze Wegstrecke tragen. Berge und Felsen – sie bewältigten jedes Hindernis mit ihr auf dem Rücken. Ihre wilde Entschlossenheit, das Rennen gemeinsam zu beenden, rührte mich zu Tränen.

Was ist das für ein Bild dafür, wie die Mitglieder der Gemeinde füreinander sorgen sollten! Wenn du fest entschlossen bist, Gott zu folgen, musst du dich in schwierigen Zeiten, in denen dir die Kraft fehlt, auf die Stärke eines anderen Team-Mitgliedes verlassen. Das kann eine Freundin sein, jemand aus deinem Jugendkreis oder deiner Gemeinde, ein Zweierschaftspartner – jemand, der deine Schwächen kennt und dich trotzdem liebt. Gott hatte nie im Sinn, dass wir es alleine schaffen sollen. Denn: Gemeinsam sind wir stark!

Weitergedacht

In Philipper 3,12–14 und Hebräer 12,1 wird der Glaube mit einem Rennen verglichen, das wir mit Geduld und Durchhaltevermögen bestreiten müssen, um den Preis – das ewige Leben – zu bekommen. Wir sind dazu berufen, uns gegenseitig dabei zu helfen, die Ziellinie zu erreichen, selbst wenn das für uns als Team mit großem Aufwand verbunden ist. Jesus sagt (siehe Johannes 15,13), dass niemand mehr liebt als jemand, der sein Leben für seine Freunde hingibt. Vielleicht müssen wir das Opfer bringen, jemanden zu tragen, der schwach ist und Gefahr läuft, das Rennen nicht beenden zu können – und das ist keine *Option*, sondern unsere *Pflicht*, weil wir als Team in ein und demselben Boot sitzen!

Mitten ins Leben

Was ist für dich am schwierigsten, wenn es darum geht, deinen Team-Mitgliedern (also den Leuten aus deinem Jugendkreis, deinen Freunden, Familienmitgliedern ...) über die Ziellinie zu verhelfen?

- Gute Kommunikation (ehrlich und authentisch in das Leben deiner Team-Kollegen sprechen, um das Beste aus ihnen herauszuholen)

- Mitgefühl (zuhören und Verständnis zeigen, selbst wenn deine Team-Kollegen hingefallen sind und Hilfe dabei brauchen, wieder aufzustehen)

- die Notwendigkeit, ständig das Ziel im Auge zu behalten

Schau heute nur auf diesen einen Tag, der vor dir liegt: Wo kannst du heute ganz konkret einem Mitglied aus deinem Team dabei helfen, voranzukommen?

49.

BITTERKEIT ÜBERWINDEN

Als ich verbittert war und mich vor Kummer verzehrte, da war ich
dumm wie ein Stück Vieh, denn ich verstand dich nicht. Jetzt aber
bleibe ich immer bei dir, und du hältst mich bei der Hand. Du führst
mich nach deinem Plan und nimmst mich am Ende in Ehren auf.

PSALM 73,21–24

Denkanstoß

Die Realität trifft mich immer dann besonders hart, wenn ich während meiner Gespräche mit jungen Frauen und Mädchen erfahre, wie viele von ihnen an einer Vergewaltigung innerlich kaputtgegangen sind. In solchen Momenten taucht dann regelmäßig die Frage auf: „Warum hat Gott das zugelassen?"

Manchmal wird das Problem noch dadurch verstärkt, dass das Mädchen schwanger wird. So wie Lena. Sie schämt sich und hat Angst. Weil sie daran glaubt, dass das menschliche Leben unantastbar ist, kommt eine Abtreibung für sie nicht in Frage – aber der Gedanke daran lässt sie trotzdem nicht los. Jeder Gedanke an das Baby erinnert sie immer wieder an das schreckliche Erlebnis. Vielleicht hegt sie Groll gegen das Baby und grenzenlose Wut gegenüber dem, der sie vergewaltigt hat. Vielleicht glaubt sie, dass sie nicht mehr sexuell rein ist, weil ihr so etwas passiert ist – auch wenn sie nicht freiwillig mitgemacht hat.

Ich kann mir nicht einmal ansatzweise vorstellen, wie entsetzlich eine solche Situation sein muss. Aber ich weiß, dass wir in jeder Situation genau zwei Möglichkeiten haben: uns entweder von Gott abwenden oder uns ihm zuwenden. Ich will nicht so tun, als wäre alles ganz einfach, aber Gott versichert uns, dass er all unseren Schmerz verstehen kann und ihn mit uns durchleben will, um uns näher zu sich zu ziehen. In jeder Situation können wir uns dazu entscheiden, an unserem Schmerz festzuhalten und Gott die Schuld zu geben. Aber wenn wir das tun, erlauben wir der Bitterkeit, in uns Wurzeln zu schlagen und uns innerlich zu zerstören. Aber Gott möchte uns von unserer Bitterkeit befreien!

Weitergedacht

Als sein Vater Isaak alt war und nicht mehr sehen konnte, schmiedete Jakob zusammen mit seiner Mutter Rebekka ein Komplott, damit Isaak ihm den Segen für den erstgeborenen Sohn geben würde, der eigentlich seinem Bruder Esau zustand. Sein ausgeklügelter Plan, Esaus Kleidung anzuziehen, damit er so wie sein Bruder riechen würde, und sich mit Ziegenfell zu bedecken, um sich wie sein Bruder anzufühlen (denn Esau war ein stark behaarter Mann), führte Jakob zum Erfolg. Schon vorher hatte er Esau dazu gebracht, sein Erstgeburtsrecht gegen eine lumpige Schüssel Linseneintopf einzutauschen, und jetzt hatte er auch noch den Segen seines Vaters, der nicht mehr zurückgenommen werden konnte. Als Esau vom Feld nach Hause kam und merkte, was passiert war, „schrie er voll Bitterkeit laut auf. ‚Segne mich, Vater, segne mich!'" (1. Mose 27,34). Aber es war zu spät – Jakob hatte seinen Segen gestohlen. Esau war lange sehr wütend auf Jakob und plante ihn umzubringen, sobald ihr Vater gestorben war. Letztlich versöhnten sich die Brüder aber wieder und gingen im Frieden auseinander.

Wenn du (oder jemand, den du kennst) vergewaltigt wurdest, ist diese Erfahrung viel, viel schmerzhafter als der Betrug, den Esau erlebt hat. Falls du das nicht schon getan hast, dann such dir die professionelle Hilfe[2], die du brauchst, damit du wieder Hoffnung bekommst und dein Leben nicht von Bitterkeit zerstört wird. Gott möchte, dass du geheilt wirst!

Mitten ins Leben

Gibt es Ereignisse aus deiner Vergangenheit, die dich bitter gemacht haben? Gott sehnt sich danach, dass du loslässt und ihm diese Situationen überlässt. Er weiß, dass sie dich sonst runterziehen werden. Egal, worum es geht – mit seiner Kraft kannst du es schaffen!

---

2 Wenn du in deiner Gemeinde niemanden ansprechen kannst oder willst: Hilfe gibt es auch beim Weißen Kreuz (www.weisses-kreuz.de) oder einer anderen Beratungsstelle in deiner Nähe.

50.

GOTTES BOTSCHAFT WEITERGEBEN

*Dann wird euer Leben hell und makellos sein, und ihr werdet als
Gottes vorbildliche Kinder mitten in dieser verdorbenen und
dunklen Welt leuchten wie Sterne in der Nacht. Dazu müsst ihr
unerschütterlich an der Botschaft Gottes festhalten, die euch das
Leben bringt. Wenn Jesus Christus dann kommt, kann ich stolz auf
euch sein, dass ich nicht umsonst zu euch gekommen bin und mich
nicht vergeblich um euch gemüht habe.*

PHILIPPER 2,15–16

Denkanstoß

Als ich in Holland, Norwegen und England auf Tournee war, durfte
ich erleben, wie sehr das Publikum durch unsere Musik ermutigt
wurde, und das mit viel Enthusiasmus und Freude zum Ausdruck
brachte. Immer, wenn ich durch Europa reise, bin ich begeistert zu
sehen, was Gott durch mich tut. In Sprüche 11,25 heißt es: „Wer
anderen Gutes tut, dem geht es selber gut; wer anderen hilft, dem
wird geholfen." Das stimmt wirklich. Immer wenn ich in Europa auf-
trete, bin ich hinterher sehr ermutigt!

Einmal drehte ich um Mitternacht eine Runde auf dem Roten
Platz in Moskau und ließ mich vor dem hell erleuchteten Kreml fo-
tografieren. Der Aufenthalt in Russland war für mich unglaublich
aufregend. Vom ersten Moment an, als ich auf dem Flughafen mit

einem Strauß Rosen total freundlich empfangen wurde, bis hin zu dem total freundlichen Empfang, den man mir beim Konzert machte: Gott war in Moskau jede Minute am Werk, und es war eine wunderbare Erfahrung, ein Teil davon zu sein. Die ehemals kommunistischen Länder in Osteuropa konnten viele Jahre lang nur wenige christliche Künstler bereisen, weshalb der Auftritt in Russland für mich natürlich ein noch besonderer war. Genauso wie mich will Gott dich gebrauchen, um anderen seine Botschaft weiterzugeben. Wir leben in einer sehr finsteren Welt, aber es gibt Leute in deiner Umgebung – zu Hause, in der Gemeinde, bei der Arbeit – die nach Geborgenheit suchen: nach wahrer und tiefer Erfüllung in ihrem Leben. Du kannst nie wissen, wann deine Geschichte, dein Leben, deine Antwort genau das ist, was ein anderer gerade dringend braucht ... Du bist der Beweis dafür, dass es möglich ist, in dieser dunklen und verdrehten Welt ein echtes, erfülltes Leben zu führen!

Weitergedacht

In Apostelgeschichte 1,8 lesen wir, dass Jesus seinen Jüngern vor seiner Rückkehr in den Himmel versprochen hat, ihnen den Heiligen Geist zu schicken, der ihnen Kraft geben würde, Menschen überall die gute Nachricht des Evangeliums zu erzählen, „... in Jerusalem und Judäa, in Samarien und auf der ganzen Erde." In Apostelgeschichte 2 geht es dann um das, was passierte, als die Jünger nach der Auferstehung Jesu anfingen, in ihrer direkten Umgebung (Jerusalem) weiterzuerzählen, was Gott getan hatte.

Mitten ins Leben

Ebenso wie Jesus seine Jünger herausgefordert hat, ruft er auch dich dazu auf, neue Schritte im Glauben zu wagen – also, erst in *deinem* „Jerusalem", und eines Tages vielleicht auch bis ans Ende der Welt. Gelegenheiten, Gottes Botschaft weiterzugeben, gibt es überall. Was wirst du heute tun?

51.

VON GOTT HÖREN

Der Hirte geht durch die Tür zu seinen Schafen. Ihm öffnet der
Wächter die Tür, und die Schafe erkennen ihn schon an seiner
Stimme. Dann ruft der Hirte jedes mit seinem Namen und führt
sie auf die Weide. Wenn seine Schafe den Stall verlassen haben,
geht er vor ihnen her, und die Schafe folgen ihm,
weil sie seine Stimme kennen.

JOHANNES 10,2–4

Denkanstoß

Wie jeder andere Mensch erlebe auch ich Zeiten, in denen es mir
schwerfällt, regelmäßig Zeit mit Gott zu verbringen und seine Nähe
zu suchen. Es gibt Tage, an denen passt es einfach nicht so gut, alles
stehen und liegen zu lassen und Stille Zeit zu haben, aber ich weiß
im Grunde, wie wichtig sie für mich ist. Wenn ich nicht täglich Gottes Nähe suche, bekomme ich keine neue Kraft, ich kann anderen
nichts geben und bleibe auf meiner Reise mit ihm stecken – und das
will ich auf keinen Fall. Manchmal, wenn mein Glaube wieder neuen
Schwung braucht, lese ich Bücher von christlichen Autoren, die ich
schätze, suche in Gesprächen mit meinem Pastor nach Weisheit und
bitte andere, für mich zu beten – dass Gott mir einen Gedanken gibt.

Unser Vater im Himmel wünscht sich zutiefst, nah an uns dran
zu sein und mit uns zu reden. Gott spricht zu uns auf verschiedene

Arten. Nicht selten spricht er durch die Bibel zu mir, aber auch durch ganz praktische, alltägliche Dinge. Oft bete ich darum, dass ich für seinen Willen sensibel bin. An dem Morgen, an dem ich zu meiner Reise nach L'Abri aufbrach, bin ich extra früh aufgestanden, um noch eine Runde durch meinen Garten zu drehen. Erst war es sehr diesig, aber dann zeigte sich plötzlich die Sonne. Gott hat mir dann gesagt: „Rebecca, ich habe einen neuen Sonnenaufgang wie diesen für dein Leben vorbereitet." Immer wenn ich daran zurückdenke, muss ich einfach lächeln. Sein Versprechen wurde wahr – die Reise, die an diesem Morgen begann, wurde zu genau dem, was er mir versprochen hatte: ein neuer Sonnenaufgang.

Wenn wir beten, möchte Gott, dass wir still werden, damit wir ihn genau hören können. Wenn wir es wirklich ernst meinen, werden wir ehrlich vor Gott treten und beten: „Gott, ich brauche dich, ohne dich kann ich das Leben nicht schaffen." Gebet verändert Situationen – und ganz sicher auch uns selbst!

Wenn wir um einen reinen Geist beten, bitten wir Gott, uns in Einklang mit seinem Willen für unser Leben zu bringen. Ich sehne mich danach, auf ihn zu hören. Ich will mit ihm als meinem liebenden Vater reden und sicher sein, dass er zuhört. Ich sehne mich danach, seine sanfte Stimme zu hören und zu wissen, dass er mich gehört hat und sich um mich kümmert.

Weitergedacht

Es muss ein überwältigender Anblick gewesen sein, als Mose nach 40 Tagen vom Berg Sinai herunterstieg. Auf seinem Gesicht lag ein unbeschreiblicher Glanz, weil er eine lange und intensive Zeit mit Gott verbracht hatte. Vielleicht bekommst du nie diese Art von „Sonnenbrand", die Mose von seiner Begegnung mit Gott abbekommen hatte, aber wenn du Zeit mit dem Schöpfer verbringst, kann es gut passieren, dass Leute an deinem Gesichtsausdruck und deiner Einstellung erkennen können, dass du in Gottes Nähe gewesen bist.

Zum Weiterlesen: 2. Mose 34,29–35

Mitten ins Leben

Wie kannst du am besten Gottes Willen für dein Leben hören? Wie spricht er zu dir? Durch sein Wort? Durch ausgiebige Zeiten, die du allein mit ihm verbringst? Durch Ratschläge, die andere Christen dir geben? Nimm dir heute Zeit, auf seine Stimme zu hören.

52.

EIN GEHORSAMER GEIST

Als Jesus unter uns Menschen lebte, schrie er unter Tränen zu Gott, der ihn allein vom Tod retten konnte. Und Gott erhörte sein Gebet, weil Jesus den Vater ehrte und ihm gehorsam war. Dennoch musste auch Jesus, der Sohn Gottes, durch sein Leiden Gehorsam lernen. Nachdem er zu Gottes Thron zurückgekehrt ist, ist er für alle, die ihm gehorsam sind, zum Retter und Erlöser geworden.

HEBRÄER 5,7–9

Denkanstoß

In Rumänien habe ich mal in einem Waisenhaus für Mädchen gearbeitet, dessen Leiter Catalin hieß. Als ein paar von uns in seinem Wagen unterwegs waren, bemerkten wir, dass eins der Fenster kaputt war und ersetzt werden musste. Wir halfen Catalin dabei, die Glasscherben ins Haus zu tragen. Ich fragte ihn, wo wir sie am besten hinlegen sollten. Seine Anweisung, sie in den Flur zu legen – der gefliest war – leuchtete mir aus verschiedenen Gründen nicht ein. Also legte ich die Scherben woandershin. Catalin sagte daraufhin, dass ich an meinem Verhalten arbeiten müsse, wenn ich mal verheiratet bin. Es war zwar nur eine kleine Sache, aber ich hatte mich seiner Anweisung widersetzt.

Für viele scheint „Gehorsam" ein ziemlich altmodisches Wort zu sein. Die meisten Leute übernehmen lieber selbst das Kommando und treffen ihre eigenen Entscheidungen. Gehorsam zu sein kommt in unserem Umfeld oft nicht so besonders gut an, meist wird es sogar als Schwäche gewertet. Man muss doch schließlich cool sein! Promis leben uns das Prinzip „Gehorsam" auch nicht gerade vor. Es scheint mehr Leute zu geben, die sich für ihre eigenen Rechte einsetzen als solche, die ihre Rechte zugunsten anderer aufgeben. Was uns als Christen sehr vom Rest der Welt unterscheiden kann, sind eine demütige Einstellung und Respekt vor unseren Mitmenschen. Jesus ist das ultimative Beispiel dafür. Folgst du ihm?

Weitergedacht

In der Bibel werden wir immer wieder aufgefordert, gehorsam zu sein, zum Beispiel:

- … in Bezug auf Gott selbst: „Nun mach Gott zu deinem Freund und schließe Frieden mit ihm. Dadurch wird das Gute wieder in dein Leben kommen." (Hiob 22,21; NL)

- … gegenüber unseren Eltern: „Ehre deinen Vater und deine Mutter, dann wirst du lange in dem Land leben, das ich, der Herr, dein Gott, dir gebe." (2. Mose 20,12)

- … in Bezug auf die Regierung: „Erinnere die Christen daran, dass sie sich dem Staat und allen Regierenden unterzuordnen haben. Sie sollen die Gesetze des Staates befolgen und sich tatkräftig für die Menschen einsetzen." (Titus 3,1)

Mitten ins Leben

Diese Anordnungen sind ziemlich klar. Die Frage ist nur: Befolgen wir sie auch? Aber Gottes Weg ist immer der bessere. In welchem der oben genannten Bereiche hast du die größten Schwierigkeiten mit dem Gehorsam? Nimm dir Jesus als Beispiel und bemühe dich heute bewusst, gehorsam zu sein.

53.

GOTT, HILF MIR!

Doch ich schreie zu Gott, und der Herr wird mir helfen.
Den ganzen Tag über klage und stöhne ich, bis er mich hört.
Er rettet mich und gibt mir Sicherheit vor den vielen Feinden,
nichts können sie mir anhaben!
PSALM 55,17–19

Denkanstoß

Manchmal lässt Gott es zu, dass wir Kämpfe und Schwierigkeiten erleben, und benutzt unsere Situation dazu, dass wir geistlich wachsen. Vielleicht denken wir manchmal, dass wir als Christen doch eigentlich problemlos klarkommen müssten und keine harten Zeiten erleben sollten. Aber wenn wir uns in Schwierigkeiten befinden, ist das vollkommen okay, genau wie die Menschen in der Bibel zu Gott zu schreien: „Gott, hilf mir! Ich halt das nicht mehr aus!"

In Psalm 109,26 schreibt David: „Hilf mir doch, Herr, mein Gott! Steh mir bei – du bist doch ein Gott, der gerne rettet!"

Jeder von uns erlebt Zeiten, in denen er sich allein fühlt oder Angst hat; Situationen, in denen Zweifel und Unsicherheit an ihm nagen. Das sind Zeiten, in denen unser Glaube gefragt ist. Glaube wäre nicht Glaube, wenn er nicht auf dem basieren würde, was man *nicht* sehen kann. Manchmal ist es leichter, auf das zu bauen, was man sehen und anfassen kann. Aber Gott möchte, dass wir *im Glauben und Vertrauen auf ihn* einen Schritt nach dem anderen machen.

Und wenn wir das wirklich tun, werden wir sehen, wie Gott in unserem Leben aktiv wird. Aber wir müssen uns darauf verlassen, dass er uns versorgt. Seine Antworten werden nicht einfach auf einem Zettel vor unsere Füße herabgeschwebt kommen, denn das würde uns nicht besonders viel Glauben abverlangen. Gott ruft uns dazu auf, ihm als Gott unserer Zukunft vollkommen zu vertrauen. Wir können uns darauf verlassen, dass er einen tollen Plan für unser Leben hat und sich um uns kümmern wird.

Gott versteht unsere Kämpfe. Er möchte, dass wir uns an ihn wenden und mit ihm über das reden, was wir gerade durchmachen. Gott hat immer ein offenes Ohr für uns. Er ist unsere Zuflucht und unsere Stärke, unsere Hilfe in stürmischen Zeiten. Ob wir ihm begeisterte Lieder singen oder ihm unter Tränen unser Leid klagen, er ist immer für uns da und hört selbst den schwächsten Hilferuf.

Weitergedacht

König David wurde ziemlich oft von Feinden und sogar von Mitgliedern der eigenen Familie bedroht. Davon singen die Psalmen ein Lied. Diese Gebete sind voller Hilfeschreie an Gott. Viele Menschen lesen die Psalmen, wenn sie das Gefühl haben, dass ihre Welt in sich zusammenzufallen droht. Ein Beispiel gefällig? „Höre, Gott, meinen Hilfeschrei, und achte auf mein Gebet! Aus dem fernen Land rufe ich zu dir, denn ich bin am Ende meiner Kraft. Ich selbst kann mich nicht mehr in Sicherheit bringen, darum hilf du mir und rette mich! Zu dir kann ich jederzeit fliehen; du bist seit jeher meine Festung, die kein Feind bezwingen kann" (Psalm 61,24).

Mitten ins Leben

Wenn du eine schwere Zeit durchmachst, gehst du dann zuerst zu Gott – oder ist das deine letzte Option? Denkst du manchmal, dass ihn die kleinen Dinge deines Alltags nicht wirklich interessieren und wendest dich deshalb nur mit den wirklich großen Fragen an ihn? Weil er dich so sehr liebt, möchte er, dass du ihm alles – Großes und Kleines – bringst. Was hält dich heute davon ab? Er wartet auf dich!

54.

DURCH HARTE ZEITEN GEHEN

Liebe Brüder und Schwestern! Betrachtet es als Grund zur Freude,
wenn euer Glaube immer wieder hart auf die Probe gestellt wird.
Denn durch solche Bewährungsproben wird euer Glaube fest und
unerschütterlich. (...) Glücklich ist, wer die Bewährungsproben
besteht und im Glauben festbleibt. Gott wird ihn mit dem
Siegeskranz, dem ewigen Leben, krönen. Das hat er allen
versprochen, die ihn lieben.
JAKOBUS 1,2–3.12

Denkanstoß

Wie lange du auch immer bereits als Christ unterwegs bist – sicher hast du schon erlebt, dass es schwierig und ziemlich ermüdend sein kann, Gott zu folgen. Auf unserer Reise mit und zu ihm hat jeder von uns irgendwann einmal den Karren an die Wand gefahren. Was tun wir dann? Aufgeben und beschließen, dass es sich nicht lohnt, es noch einmal zu probieren? Das ist, ehrlich gesagt, keine gute Idee. Manchmal passiert es, dass mir eine Tournee schlichtweg zu lange dauert, ich mich nach meinem Zuhause und einem normalen Leben sehne und auch meine Freunde total vermisse. Solche Zeiten können ganz schön herausfordernd sein. Wenn ich das mal wieder erlebe, wende ich mich an Gott und bitte ihn um Kraft und neuen Mut.

Wenn wir harte Zeiten durchstehen, hat das – so unglaublich das auch erscheinen mag – einen positiven Effekt: Wir werden dadurch auf eine Art wachsen, die sonst nicht möglich gewesen wäre. Und wenn mehr als unsere eigene Kraft nötig war, um es zu schaffen, können wir sicher sein, dass es Gott war, der uns dabei geholfen hat, die Sache durchzustehen.

Ich habe gelernt, dass es auch wichtig ist, sich auf die Gemeinschaft zu verlassen, in die Gott mich gestellt hat. In den letzten Jahren habe ich sehr viel über die Kraft der Gemeinschaft gelernt: Das war möglich, weil ich ehrlich war und Freunde gebeten habe, mich durch einsame und schwierige Zeiten zu begleiten. Manchmal hilft es schon total, wenn du jemanden für dich beten lässt oder einfach am Telefon mit ihm plauderst. Mir ist jetzt klar, dass es ziemlich wertvoll sein kann, sich in einer geschützten Umgebung offen und verletzlich zu machen. Das gibt Kraft. Zu wissen, dass Gott mein Leben und meine Arbeit gebraucht, hilft mir auch sehr dabei, in harten Zeiten den Mut nicht zu verlieren. Und Gott gebraucht auch dich und deinen Dienst, wenn du in seiner Nähe bleibst.

Weitergedacht

Es gibt das Sprichwort: „Taffe Zeiten vergehen, taffe Menschen nicht." Die folgenden Verse können dabei helfen, auch in total taffen Zeiten den Mut nicht zu verlieren:

- Der Herr ist gütig. In schweren Zeiten ist er eine feste Zuflucht, und er kennt alle, die bei ihm Schutz suchen. (Nahum 1,7; NL)

- Seid fröhlich in der Hoffnung darauf, dass Gott seine Zusagen erfüllt. Seid standhaft, wenn ihr verfolgt werdet. Und lasst euch durch nichts vom Gebet abbringen. (Römer 12,12)

- Darum geben wir nicht auf. Wenn auch unsere körperlichen Kräfte aufgezehrt werden, wird doch das Leben, das Gott uns schenkt, von Tag zu Tag erneuert. Was wir jetzt leiden müssen, dauert nicht lange und ist leicht zu ertragen in Anbetracht der unendlichen, unvorstellbaren Herrlichkeit, die uns erwartet. (2. Korinther 4,16–17)

Mitten ins Leben

Wenn du das nächste Mal eine schwierige Situation erlebst (vielleicht sogar heute), dann nimm dir diese Verse vor und denke über sie nach. Gott hält die Versprechen, die er in seinem Wort macht. Darauf kannst du dich verlassen.

55.

WIR SIND SCHWACH, ABER ER IST STARK

Aber er hat zu mir gesagt: „Meine Gnade ist alles, was du brauchst!
Denn gerade wenn du schwach bist, wirkt meine Kraft ganz
besonders an dir." Darum will ich vor allem auf meine Schwachheit
stolz sein. Dann nämlich erweist sich die Kraft Christi an mir. Und
so trage ich alles, was Christus mir auferlegt hat – alle
Misshandlungen und Entbehrungen, alle Verfolgungen und Ängste.
Denn ich weiß: Gerade wenn ich schwach bin, bin ich stark.

2. KORINTHER 12,9–10

Denkanstoß

Hast du jemals das Sprichwort gehört: „Alles, was ich über das Leben wissen muss, habe ich im Kindergarten gelernt?" Viele von uns
haben in der Sonntagsschule eine ganze Menge gelernt und voller
Inbrunst bei „Jesus liebt mich" mitgesungen: „Alle Kinder schwach
und klein, lädt er herzlich zu sich ein." Wir alle erleben Zeiten, in
denen unsere menschliche Kraft für die Aufgabe, die vor uns liegt,
nicht ausreicht. An diesem Punkt können wir hautnah erleben, dass
Gott in unserer Schwäche stark ist.

Ich habe mal an einer Veranstaltung namens „Thrive" (das bedeutet so viel wie „aufblühen") teilgenommen, die live in viele Gemeinden in den USA übertragen wurde. Als ich mit meinem Konzert dran
war, ging es mir nicht besonders gut – ich fühlte mich körperlich,

emotional und geistlich ziemlich angekratzt. Bevor ich auf die Bühne musste, sprach ich noch mit einer Freundin und bat sie, für mich zu beten.

Sie sagte: „Rebecca, mach dir bewusst, was es bedeutet, ein zerbrechliches Gefäß zu sein. Selbst wenn wir nur noch ein paar Tropfen am Boden des Gefäßes übrig haben, ist das gut so! Denn dadurch ist es Gott möglich, uns mit seiner Kraft zu füllen, sodass wir es nicht aus eigener Kraft schaffen müssen. Ich möchte dir Mut machen, da rauszugehen mit dem Wissen, dass Gott dich vermutlich besser gebrauchen kann, wenn du schwach bist."

Ihre Worte haben meine Perspektive damals komplett verändert. Mein Geist fühlte sich plötzlich viel freier und leichter. Ich konnte dem Publikum sagen, wie wichtig es ist, dass in unseren Freundschaften Platz für Ehrlichkeit und Verletzlichkeit ist. Diese Offenheit fördert die Gemeinschaft und sorgt für eine Atmosphäre, in der wir uns gemeinsam an Gott wenden können, und das ist eine tolle Sache.

Weitergedacht

Manche Leute denken, dass sie alles allein schaffen können, aber früher oder später erleben sie Situationen, in denen sie auf Hilfe von außen angewiesen sind. Vielleicht haben sie ein gesundheitliches Problem oder finanzielle Schwierigkeiten. Oder sie stehen vor einer schweren Entscheidung. Oder schaffen es nicht, von einer bestimmten Sünde loszukommen. Wie schrecklich muss es dann für solche Menschen sein, das Gefühl zu haben, sich an niemanden wenden zu können! Gott versorgt dich nicht nur durch seine eigene übernatürliche Kraft mit dem Durchhaltevermögen, das du für dein Leben brauchst, sondern auch durch Freunde. Christsein kann nur in Gemeinschaft gelebt werden.

Salomo sagt in Prediger 4,12: „Einer kann leicht überwältigt werden, doch zwei sind dem Angriff gewachsen. Man sagt ja auch: ‚Ein Seil aus drei Schnüren reißt nicht so schnell!‘"

Mitten ins Leben

Gibt es momentan einen Bereich in deinem Leben, in dem du dich besonders schwach und angreifbar fühlst? Sei gegenüber den Menschen, die dir nah sind, diesbezüglich ganz ehrlich, und du wirst sowohl bei Gott als auch in der Gemeinschaft neue Kraft finden. Nur Mut: Hilfe ist unterwegs!

56.

SPIEGLEIN, SPIEGLEIN AN DER WAND

Anmut kann täuschen, und Schönheit vergeht wie der Wind – doch
wenn eine Frau Gott gehorcht, verdient sie Lob!
Rühmt sie für ihre Arbeit und Mühe! In der ganzen Stadt soll sie
für ihre Taten geehrt werden!

SPRÜCHE 31,30–31

Denkanstoß

Ich habe schon so viele Frauen getroffen, die die Lügen unserer Gesellschaft über Weiblichkeit und Schönheit geglaubt haben. Aber ein glückliches Leben angesichts der unerreichbaren Ideale ist meist nur eine Fassade. Viele berühmte Schauspielerinnen und Models sind in der Tat sehr unglücklich. Fast jeden Tag hört man von einer neuen Prominenten, die Drogen- oder Alkoholprobleme oder eine Essstörung hat.

Unsere Vorstellung von wahrer Weiblichkeit und Schönheit sollten wir nicht von der Gesellschaft, der Werbung und den Medien, sondern von Gott prägen lassen. Das ist der einzige Weg, in die Freiheit zu gelangen! Wir brauchen das, was ich einen „neuen Feminismus" nennen würde, der sagt: „Wenn der alte Feminismus dafür stand, Frauen zu befreien, damit sie alle Möglichkeiten haben, dann geht es beim neuen Feminismus darum, dass Frauen *in Gott* alle Möglichkeiten haben sollen." Wir sind dazu berufen, Frauen nach

Gottes Geschmack zu sein und das erfüllteste Leben zu leben, das es gibt!

Die Bibel hat das Zeug, den gesellschaftlichen Schönheitsmythos als solchen zu entlarven. Wenn du das nächste Mal in den Spiegel siehst, stell dir vor, dass Gott dir über die Schulter schaut. Obwohl die meisten der folgenden Verse ursprünglich an einen Propheten oder an Gottes Volk Israel gerichtet waren, spiegeln sie doch Gottes Einstellung zu dir wider. Und das hier hat er über dich zu sagen:

• Du bist wunderschön: „Du blühtest auf und wurdest zu einer schönen Frau voller Anmut." (Hesekiel 16,7)

• Du bist wertvoll: „Gott liebt dich, er meint es gut mit dir." (Daniel 10,19)

• Du wirst wertgeschätzt: „Weil du in meinen Augen kostbar bist und wertvoll und weil ich dich liebe, opfere ich Länder an deiner Stelle und Völker für dein Leben." (Jesaja 43,4; NL)

• Du bist einzigartig: „Ich habe dich schon gekannt, ehe ich dich im Mutterleib bildete, und ehe du geboren wurdest, habe ich dich erwählt." (Jeremia 1,5)

• Du bist geliebt: „Seine Liebe zu uns ist stark und mächtig, und seine Treue hört niemals auf!" (Psalm 117,2)

Weitergedacht

Gott ist vor allem an unserer inneren Schönheit interessiert. Menschen sehen oft nur das Äußere, aber Gott sieht das Herz an. Petrus hat es so formuliert: „Nicht der äußerliche Schmuck – wie kunstvolle Frisuren, goldene Ketten oder aufwendige Kleidung – soll für euch Frauen wichtig sein. Eure Schönheit soll von innen kommen! Schmückt euch mit Unvergänglichem wie Freundlichkeit und Güte. Das gefällt Gott. So haben sich auch die gläubigen Frauen zur Zeit unserer Vorfahren geschmückt: Sie setzten ihre ganze Hoffnung auf Gott und ordneten sich ihren Männern unter" (1. Petrus 3,3–5).

In den Spiegel zu sehen, ist nichts Schlechtes, und es ist sicher nicht falsch, gut aussehen zu wollen – aber das, was vor Gott zählt, nämlich, wie es um dein Inneres bestellt ist, kann man nur in deinem inneren Spiegel sehen.

Mitten ins Leben

Jedes Mal, wenn jemand (oder deine innere Stimme) dir etwas einflüstert wie: „Du bist nicht schön", „Du bist hässlich", „Du bist dick" oder „Du kannst das nicht", sprich laut eine von Gottes „Du bist"-Aussagen aus. Das ist die Wahrheit, die dich freimachen wird! Lebe heute in dieser Gewissheit.

57.

SICH AUF GOTTES GEIST VERLASSEN

Wenn sie euch verhaften und vor Gericht bringen, braucht ihr
euch nicht darum zu sorgen, was ihr aussagen sollt! Denn zur
rechten Zeit wird Gott euch das rechte Wort geben. Nicht ihr werdet
es sein, die Rede und Antwort stehen, sondern der
Heilige Geist wird durch euch sprechen.
MARKUS 13,11

Denkanstoß

Ich war 15, als ich meinen ersten Plattenvertrag unterschrieb. Viele Leute fragten sich damals, ob ich Teenagern und Erwachsenen überhaupt etwas zu sagen hätte, und manchmal habe ich mich das selbst auch gefragt!

Gebet war immer ein wichtiger Bestandteil meiner Arbeit. Ich bin schon oft zu Gott gekommen und habe gesagt: „Herr, ich weiß nicht, was ich in dieser Situation sagen soll – bitte gib mir die richtigen Worte!" Auf vielen meiner Tourneen gibt es etwa in der Mitte des Konzerts eine Art Interviewteil, in dem das Publikum Fragen an mich stellen kann. Während die Fragen dann gestellt werden, bete ich oft: „Jesus, bitte gib mir die richtigen Worte!" Das Ganze an Gott abzugeben und mich von ihm inspirieren zu lassen, hat mir dabei geholfen, ein paar krasse Fragen zu beantworten. Für einen Teenager, der ich damals war, war das alles ganz schön einschüchternd, aber Gott hat mir immer Worte gegeben, die definitiv nur vom Heiligen Geist kommen konnten.

Einmal hatte ich die Gelegenheit, am Valentinstag an einer Fernsehsendung teilzunehmen. An dem Tag hatte ich besonders stark den Eindruck, dass der Heilige Geist mich führt. Die Sendung bestand aus einer Diskussionsrunde, in der ein bekannter Sex-Therapeut und ich über folgende Frage debattierten: „Sollte man mit dem Sex bis zur Ehe warten?" Die Produzenten der Sendung erhofften sich eine unterhaltsame Debatte. Zu der Zeit war ich mit den Newsboys auf Tour und während eines Konzertes kurz vor der TV-Sendung bat der Veranstalter das Publikum, für mich zu beten, dass der Heilige Geist mich inspiriert. Ich habe total erlebt, wie Gott dieses Gebet erhört hat!

Kurz bevor wir auf Sendung gingen, hatte ich für zehn oder 15 Minuten ganz stark den Eindruck, dass Gott mir bestimmte Aspekte aufs Herz legt, die er für wichtig hält – Dinge, die mir noch nie in den Sinn gekommen waren, obwohl ich mich schon seit zehn Jahren mit dem Thema beschäftigt hatte. Ich machte mir ein paar Notizen – in der Hoffnung, etwas davon während der Diskussion weitergeben zu können. Man weiß nie, in welche Richtung so eine Diskussionsrunde sich entwickelt, weshalb es wie ein Wunder für mich ist, dass ich jeden einzelnen Punkt, den ich notiert hatte, tatsächlich auch anbringen konnte! Gott hatte mich perfekt auf dieses Interview vorbereitet. Zum Beispiel sagte der Sex-Therapeut an einer Stelle Folgendes: „Ich bin der Meinung, dass man vor der Ehe Sex haben sollte, um herauszufinden, ob man in der Hinsicht überhaupt zusammenpasst." Bevor wir auf Sendung gingen, hatte Gott mir dazu folgenden Gedanken eingegeben: „Ich bin so viel mehr als nur ein sexuelles Wesen – ich möchte nicht, dass mich jemand nur wegen meiner sexuellen Leistung heiratet."

Mit der Hilfe des Heiligen Geistes hat Gott mir seine Hilfe ganz praktisch gezeigt. Diese Begebenheit hat mich sehr in meiner Arbeit bestätigt und mein Leben mit Gott gestärkt. Und ich bin davon überzeugt, dass Gott sich jedem ganz persönlich zeigen wird, der in seiner Nähe bleibt.

Weitergedacht

In Johannes 16 verspricht Jesus, dass er seinen Heiligen Geist senden wird. Wenn wir ernsthaft daran interessiert sind, Gottes Ansichten zu einem bestimmten Thema kennenzulernen, wird er sein Versprechen halten – er wird uns seine Wahrheit offenbaren. Aber wenn wir das tun, müssen wir uns ganz auf diesen einen Punkt konzentrieren und daran glauben, dass das, was Gott dazu zu sagen hat, alles ist, was wir dazu wissen müssen (siehe Jakobus 1,5–8).

Mitten ins Leben

Möchtest du wissen, was Gott über eine bestimmte Situation, die dich gerade beschäftigt, denkt? Du kannst versuchen, es selbst herauszufinden, du kannst andere nach ihrer Meinung fragen oder direkt zur Quelle gehen und Gottes Geist darum bitten, dir seinen Willen zu zeigen. Er ist begeistert, wenn wir auf der Suche nach der Wahrheit zu ihm kommen, und er wird antworten, wenn wir ihn fragen.

58.

DER HIMMEL AUF ERDEN

Lass deine neue Welt beginnen. Dein Wille geschehe hier auf
der Erde, wie er im Himmel geschieht.

Matthäus 6,10

Denkanstoß

Letztes Jahr habe ich mir zum Ziel gesetzt, die Welt zu verschö-
nern – so gut ich es eben kann –, egal, ob ich gerade meine Wohnung
aufräume, mich angeregt unterhalte oder etwas für jemanden tue,
durch das er sich geliebt fühlt.

Und ich bin immer wieder erstaunt, wie meine kreativen „Welt-
verschönerungsversuche" das Leben anderer Menschen berühren.
Vor ein paar Jahren kehrte ich noch einmal ins österreichische
Oberhofen zurück (wo ich vorher schon einmal war), um mit Pater
Christoph Haider und den tollen Leuten dort ein Konzert zu veran-
stalten. Über diese gemeinsame Zeit sagte Christoph danach zu mir:
„Das war einer der wichtigsten Tage in meinem Leben, denn es war
total klar, dass Gott verschiedene Leute dazu gebraucht, ihm zu dienen. Ich mag keine laute Musik und höre eigentlich lieber Mozart,
aber Gott hat mir gezeigt, dass auch andere Musikstile ihren Platz
haben, und Gottes Geist war gestern echt am Werk." Für Pater Haider war unser Konzert ein kleines Stückchen Himmel auf Erden.
Richtig genial!

Durch unser Leben können wir dazu beitragen, dass der Himmel schon auf der Erde beginnt. Das geschieht immer dann, wenn wir so nah wie möglich bei Jesus bleiben – eine Beziehung zu ihm haben und ihm gehorsam sind. Beides gehört zusammen. Nimmt man einen Teil weg, verkümmert unser Leben mit Gott.

Weitergedacht

Eines Tages werden wir Gottes Schönheit für immer aus nächster Nähe erleben. Johannes beschreibt unser himmlisches Zuhause und die Herrlichkeit Gottes so: „Nirgendwo in der Stadt sah ich einen Tempel. Ihr Tempel ist der Herr selbst, der allmächtige Gott. (...) Die Stadt braucht als Lichtquelle weder Sonne noch Mond, denn in ihr leuchtet die Herrlichkeit Gottes (...). In diesem Licht werden die Völker der Erde leben, und die Herrscher der Welt werden kommen und ihre Reichtümer in die Stadt bringen." (Offenbarung 21,22–24)

Mitten ins Leben

Wie kannst du die Schönheit Gottes um dich herum noch besser wahrnehmen? Und was könntest du konkret tun, um seine Schönheit für andere sichtbar zu machen, sodass sie ein kleines Stückchen Himmel erleben können?

59.

CHILLEN MIT GOTT

Wie glücklich sind alle, die auf seine Hilfe warten!

JESAJA 30,18

Denkanstoß

Hausaufgaben, Termine, Verabredungen ... Bist du auch manchmal erschöpft und würdest am liebsten wegrennen? Ist es dir manchmal auch zu viel, ständig einen auf „Action" zu machen? Wir sind es gewohnt, ständig irgendetwas zu tun ... eine WhatsApp hier, einen Download da, und wir werden ungeduldig, wenn wir bei McDonalds Schlange stehen müssen.

Ich freue mich immer total, wenn ich nach Australien zurückkomme und dort einfach nur chillen kann. Ich besuche meine Cousins und Cousinen und alte Freunde. Manchmal wohne ich dann in einem Haus am Meer. Ich lese. Ich bete. Ich schwimme. Ich lese in der Bibel. Ich sitze einfach da und schaue den Wellen zu. Ich gehe Reiten und mache Fahrradtouren im Regen. Ich schlafe. Die Zeit, die ich mit Gott verbringe, führt dazu, dass ich mich geistlich total erfrischt und wiederhergestellt fühle. In diesen Zeiten zeigt Gott mir, wie wichtig es ist, einfach zu *sein*, anstatt ständig etwas zu *tun*. Einer meiner Lieblingsverse in der Bibel heißt: „Hört auf und erkennt, dass ich Gott bin!" (Psalm 46,10; NL).

Wenn wir uns eine Auszeit nehmen und einfach in Gottes Gegenwart chillen, offenbart er sich uns ganz neu. Wenn wir lange genug still sind, um tatsächlich zuzuhören, können wir seinen Willen für unser Leben erkennen.

Weitergedacht

Wenn wir auf Gott warten, geht es nicht darum, dass wir Däumchen drehen und einfach nur faul rumsitzen. Wenn wir auf ihn warten, dann tun wir im Grunde auch etwas, nämlich damit rechnen, dass Gott da ist und Unglaubliches tun wird. Also: Es lohnt sich zu warten!

Mitten ins Leben

Wie siehts bei dir aus? Ist es an der Zeit, mal ausgiebig mit Gott abzuhängen? Genehmige dir eine „Mini-Auszeit". Mach in deiner Mittagspause einen Spaziergang; geh abends mit deinem Hund Gassi; mach es dir mit deiner Bibel, Notizbuch und Stift in einem Sessel gemütlich; schnapp dir Wasserfarben und Pinsel, leg ruhige Musik auf und schau mal, was dann passiert. Gott hat die Welt in sechs Tagen geschaffen und danach geruht. Also kannst du auch mal eine Pause machen.

60.

NÄCHSTENLIEBE GANZ PRAKTISCH

Was ihr für einen meiner geringsten Brüder getan habt,
das habt ihr für mich getan!
MATTHÄUS 25,40

Denkanstoß

Seit ich ein kleines Mädchen bin und davon träumte, Waisenkindern zu helfen, hat mich die Sehnsucht danach, anderen Gottes Liebe ganz praktisch zu zeigen, nie wieder losgelassen. Aus diesem Grund habe ich den Song „Beautiful Stranger" (Schöner Fremder) geschrieben. Wenn ich das Lied während eines Konzertes singe, fühle ich mich immer wieder selbst herausgefordert zu handeln, wo Menschen meine Hilfe brauchen.

Eine Art, wie ich meine Liebe zu Jesus praktisch ausdrücken kann, ist meine Teilnahme an dem Kinderpatenschaftsprogramm „Compassion International", einer der weltweit größten christlichen Kinderhilfsorganisationen. Vor Jahren war ich in Ruanda und traf dort den 12-jährigen Sam, der damals mein Patenkind war. Zwölf Jahre zuvor wurde dieses afrikanische Land durch einen Völkermord brutal zerstört. Ich hatte viel vom Leid der Menschen dort mitbekommen, aber auch gesehen, wie Gott in Ruanda vielen Menschen seine Liebe zeigte. Das Highlight für mich war mein Besuch bei Sam. Während ich ihm durch einen Übersetzer Fragen stellte, fing er an, mir über den Kopf zu streicheln. Das Treffen mit Sam hat mein Leben ziemlich verändert.

Durch mein Patenkind wurde mir immer wieder deutlich, dass man als Einzelner wirklich etwas gegen die Armut tun kann. Dank meiner Unterstützung hatte sich Sams Leben total verändert. Was könntest du tun, um anderen zu helfen? Es gibt viele Möglichkeiten – eine Organisation unterstützen, die Menschen in Mexiko, Afrika oder vielleicht sogar in deiner Heimatstadt hilft, oder im Jugendkreis gemeinsam für andere etwas auf die Beine stellen. Praktische Hilfe ist so wichtig! Gott sehnt sich danach, dass wir etwas tun.

Weitergedacht

Im Gleichnis von den Schafen und den Böcken (Matthäus 25,31–46) macht Jesus deutlich, dass wir die Armen und Schwachen so anschauen sollten, als würden wir in ihnen Jesus selbst begegnen. Wenn wir jemanden lieben, lieben wir eigentlich Jesus. Was machen wir, wenn wir vor Gott stehen und er uns fragt: „Hast du den Hungrigen zu Essen gegeben? Als du mich hungrig und durstig gesehen hast, hast du mir da zu essen und zu trinken gegeben, hast du mich mit Kleidung versorgt?" Wenn wir Gott wirklich lieben, werden wir ganz automatisch an den Punkt kommen, dass wir auch andere lieben.

Mitten ins Leben

Halte Ausschau nach Möglichkeiten, wie du den „Jesus" in deiner Umgebung mit Hoffnung und Liebe erreichen kannst. Informationen über eine Kinderpatenschaft findest du beispielsweise unter www.

compassion.de oder www.worldvision.de. Was wirst du heute konkret tun, um Jesus ganz praktisch zu lieben?

61.

DER ANTI-RACHE-GRUNDSATZ

Räche dich nicht, und sei nicht nachtragend! Liebe deinen
Mitmenschen wie dich selbst! Ich bin der Herr.

3. Mose 19,18

Denkanstoß

Im Jahr 1994 ermordeten Hutu-Extremisten in Ruanda innerhalb von nur 100 Tagen geschätzte 800.000 Menschen – fast ein Zehntel der Gesamtbevölkerung dieses ostafrikanischen Staates. Ein paar Jahre danach besuchte ich dieses Land zusammen mit meinem jüngeren Bruder Josh. Wir besichtigten ein Völkermord-Denkmal, das vor dem Massaker eine Kirche gewesen war. Im Dach sieht man immer noch die Einschusslöcher und an den Wänden und auf dem Altartuch erkennt man Blutflecken. Ich konnte mir nur ansatzweise vorstellen, welche Todesangst diese Menschen hatten. Und ich war überhaupt nicht darauf gefasst, dass in diesem so zerstörten Land Menschen die Kraft fanden zu vergeben.

Der ruandische Präsident hat offiziell den Grundsatz „Keine Rache" eingeführt, die es den Angehörigen der Völkermordopfer untersagt, sich für die begangenen Gräueltaten zu rächen. Stattdessen wurden sie aufgerufen zu vergeben. Immer, wenn ich von Ruanda und dem Wunder der Vergebung erzähle, sind Menschen sehr berührt davon, wie Gott dieses Land heilt. Der Grund dafür, warum dort in so kurzer Zeit so viel Heilung geschehen konnte, liegt in der Kraft der Vergebung.

Es gibt kein besseres Beispiel für Vergebung als das Leiden und Sterben von Jesus. In 1. Petrus 2,23 heißt es: „Beschimpfungen ertrug er ohne Widerspruch, gegen Misshandlungen wehrte er sich nicht; lieber vertraute er sein Leben Gott an, der ein gerechter Richter ist." Und selbst als seine Feinde ihn ans Kreuz schlugen und seine Kleider unter sich aufteilten, schrie Jesus zu Gott: „Vater, vergib ihnen, denn sie wissen nicht, was sie tun!" (Lukas 23,34).

Weitergedacht

Wir denken gerne an Gottes Güte und Liebe, wollen aber lieber nicht allzu viel über seinen Zorn hören. Es gibt Zeiten, in denen Gott sagt: „Genug ist genug." Er ist äußerst geduldig und wird nicht leicht zornig, aber im Alten Testament – bevor Jesus ein für alle Mal für alle Schuld der Welt gestorben ist – kam es vor, dass er sich an seinen Feinden für die Verbrechen gerächt hat, die sie an seinem Volk begangen hatten. Gott hat das Recht dazu, Rache zu üben, weil er ein gerechter Gott ist und Unrecht nicht ungestraft lassen kann. Aber wir selbst können nicht Richter spielen. Wir sind dazu aufgerufen, unsere Feinde zu lieben, egal, was sie getan haben (siehe Matthäus 5,38–45).

Mitten ins Leben

„Keine Rache" – das ist wirklich harter Tobak, wenn man dem anderen vor Wut am liebsten eine reinwürgen würde. Gibt es jemanden, der dir Unrecht getan hat – und dem du mit dem „Keine Rache"-

Grundsatz begegnen solltest? Das ist eine ziemlich schwierige Nummer. Aber mit der Kraft Gottes kannst du es schaffen!

62.

GIB GOTT ALLES, WAS DU HAST

So wird von jedem, der viel bekommen hat, auch viel erwartet;
denn wem viel anvertraut wurde, von dem verlangt man umso mehr.

LUKAS 12,48

Denkanstoß

Gott möchte, dass wir die Gaben, mit denen er uns ausgerüstet hat, für ihn einsetzen. Wenn du deine Fähigkeiten für ihn zur Verfügung stellst, verspricht er, dir noch mehr zu geben. Ich habe das selbst oft erlebt, wenn ich plötzlich dabei war, etwas zu tun, wovon ich niemals gedacht hätte, dass ich es könnte. Wenn ich an so eine Erfahrung zurückdenke, stelle ich oft fest, dass da Gott im Spiel war. Als ich in mein Haus einzog, habe ich begeistert viele neue Dinge ausprobiert und dazugelernt – zum Beispiel, wie man renoviert und tapeziert, Vorhänge befestigt, neue Rezepte kreiert oder einen Garten anlegt. Gott ist Meister darin, uns Gelegenheiten zu geben, Neues auszuprobieren, weil wir damit oft anderen eine Freude machen und ihnen dienen können.

Manchmal fühle ich mich allerdings ziemlich verunsichert, wenn Gott mir etwas Neues zumutet. Ich frage ihn dann: „Gott, willst du mir das wirklich anvertrauen?" Es gibt so viele Sängerinnen, Referentinnen und Autorinnen, die besser sind als ich. Als ich sehr jung als Musikerin angefangen habe, war ich sehr unsicher – und bin es bis heute ab und zu immer noch. Einmal hatte ich das Privileg, Sprecherin des „National Prayer Day" (nationaler Gebetstag in den USA) zu sein. Nie hätte ich mir träumen lassen, dass ich mal im Weißen Haus singen würde! Ich habe viele verschiedene Länder in allen fünf Kontinenten bereist und dabei ein paar der schönsten Sehenswürdigkeiten der Welt gesehen, aber das mit dem Weißen Haus war schon eine besondere Sache.

Gott hat jedem von uns eine Vielzahl von Möglichkeiten geschenkt, wie wir seine gute Nachricht weitergeben können. Er möchte, dass wir kreativ sind und die Talente nutzen, die er uns gegeben hat. Die Botschaft ist immer die gleiche, aber die Art, wie sie rübergebracht wird, kann von Mensch zu Mensch verschieden sein, abhängig davon, wie Gott den Einzelnen begabt hat. Eine solche Aufgabe anvertraut zu bekommen, ist sowohl aufregend als auch beängstigend. Aber es lohnt sich total!

Weitergedacht

Es gibt im Englischen ein altes Sprichwort, das auch heutzutage ganz gut passt: „Use it or lose it". Das Gleichnis, das Jesus in Matthäus 25 erzählt, könnte man ohne weiteres auch auf diesen Punkt bringen: Setz das ein, was du hast, oder du wirst es verlieren. In dem „Gleichnis von den anvertrauten Pfunden" erzählt Jesus von einem Mann, der seinen Besitz drei Dienern anvertraut und dann eine Reise macht. Er gab jedem der drei Diener eine bestimmte Menge Geld, entsprechend ihren Fähigkeiten. Als der Mann von seiner Reise zurückkam, freute er sich darüber, dass die beiden ersten Diener ihre Geldsumme verdoppelt hatten, indem sie sie weise angelegt hatten. Als er aber herausfand, dass der dritte Diener das Geld einfach nur versteckt hatte, weil er Angst hatte, es zu verlieren, wurde er zornig: „Auf dich ist kein Verlass, und faul bist du auch noch!

Wenn du schon der Meinung bist, dass ich ernte, was andere gesät haben, und mir nehme, was du verdient hast, hättest du zumindest mein Vermögen bei einer Bank anlegen können! Dort hätte es wenigstens Zinsen gebracht!" (Matthäus 25,26–27)

Die Angst des Dieners davor, das Geld zu verlieren, führte genau dazu, dass er alles verlor. Sein Herr nahm ihm das Geld weg und gab es dem Diener, der das meiste dazuverdient hatte. Dann warf er den nutzlosen Diener hinaus in die Dunkelheit. Die Aussage des Gleichnisses ist: Wir müssen darauf vorbereitet sein, dass Jesus wiederkommt. Das heißt, wir müssen das, was er uns anvertraut hat, einsetzen, anstatt einfach nur vor uns hinzuleben und auf Nummer sicher zu gehen.

Mitten ins Leben

Wenn andere über dein Talent und deine Fähigkeiten reden, wie reagierst du dann? Benutzt du deine Gaben, um Gottes Absichten zu erfüllen, oder geht es dir mehr um deine eigenen Pläne? Hast du schon mal erlebt, dass Gott es dir ans Herz legt, ein bestimmtes Talent einzusetzen, um seine gute Nachricht zu verbreiten? Stelle deine Begabungen und Fähigkeiten Gott zur Verfügung, indem du ihn darum bittest, deine Bemühungen in seine Hand zu nehmen und mehr daraus zu machen, als du dir jemals erträumen könntest.

63.
DER SCHLÜSSEL ZUR LEBENDIGKEIT

Wer sich an sein Leben klammert, der wird es verlieren. Wer aber
sein Leben für mich einsetzt, der wird es für immer gewinnen.

MATTHÄUS 16,25

Denkanstoß

Wenn wir uns auf Gott ausrichten, können wir eine Art von Lebendigkeit erleben, die sich von den Schwierigkeiten des Alltags nicht unterkriegen lässt. Als ich vor ein paar Jahren in einer christlichen Kommunität in der Schweiz war, benutzte Gott diese Zeit, um mich zu erneuern und auftanken zu lassen. Er hat mein Herz in diesen Wochen geradezu generalüberholt. Und mir wurde mehr als je zuvor klar, dass ich mich zutiefst danach sehne, mich wirklich lebendig zu fühlen.

In Römer 6,11 heißt es: „Ihr seid tot für die Sünde und lebt nun für Gott, der euch durch Jesus Christus das neue Leben gegeben hat." Gott möchte, dass wir belebt werden. Er möchte, dass wir das ganze Ausmaß der Fülle erleben, die wir durch Jesus haben können. Und er möchte, dass unser Leben Stück für Stück heller wird, indem wir mehr und mehr werden wie er. Wenn wir an unserer Vergangenheit festhalten, wie können wir uns dann nach der Zukunft ausstrecken? Mir ist klar geworden, dass ich mich nur dann wirklich lebendig fühle, wenn ich meine eigenen Vorstellungen vom Leben loslasse, und mich darauf konzentriere, wie Jesus an meiner Stelle leben würde.

Weitergedacht

In dem Song „Alive" heißt es: „I used to think that me, myself and I were all that mattered. But you've shown me all this world can give cannot compare to the joy that comes from giving away."(Ich dachte immer, dass es vor allem um mich geht. Aber du hast mir gezeigt, dass alles, was die Welt geben kann, nichts ist verglichen mit der Freude, die man empfindet, wenn man gibt.)

So zu leben, wie Jesus sich das vorstellt, steht im krassen Gegensatz zu dem, was die Welt uns diktiert:

Die Welt sagt, dass wir glücklich werden, wenn wir möglichst viel bekommen. Jesus sagt, dass wir wahre Freude nicht dadurch erleben, dass wir viel gewinnen, sondern wenn wir etwas aufgeben.

Die Welt sagt, dass wir uns auf das konzentrieren sollten, was wir von anderen bekommen – Geld, Zuwendung, Lob, etc. Jesus sagt, dass wir uns darauf konzentrieren sollen, wie viel wir *geben*.

Die Welt sagt, dass wir hart arbeiten und unseren Weg machen sollen, selbst wenn das bedeutet, dass wir andere aus dem Weg räumen müssen. Jesus sagt, dass wir andere mit Respekt behandeln und sie als höher als uns selbst erachten sollen.

Die Welt sagt, dass wir nur dann wirklich leben, wenn wir unseren Träumen folgen, und uns nicht davon abbringen lassen, materiellen Erfolg zu haben. Jesus sagt, dass wir dann wirklich leben, wenn wir ihm gehorsam sind.

Mitten ins Leben

Gott fordert uns heraus, gegen den Strom zu schwimmen – inmitten einer Gesellschaft, die vor allem auf den eigenen Vorteil aus ist. Wenn es dir wichtiger ist, dich aufopferungsvoll für andere einzusetzen statt eigennützig etwas von ihnen zu nehmen, werden die Leute diesen Unterschied bemerken. Das ist die Art zu leben, die Jesus ehrt und den Menschen um dich herum Hoffnung gibt. Wenn sie dich beobachten, motiviert sie das dazu, ebenso zu leben wie du. Welche Entscheidungen wirst du heute treffen, die erkennen lassen, dass du anders leben willst? Bitte ihn um Hilfe dafür, die Fülle des Lebens zu erfahren und zu leben.

64.

ALLES IST GUT

Ich will hören, was Gott, der Herr, zu sagen hat: Er verkündet
Frieden seinem Volk – denen, die ihn lieben; doch sollen sie nicht in
ihre alten Fehler zurückfallen. Eins ist sicher: Er wird allen helfen,
die ihm mit Ehrfurcht begegnen, seine Macht und Hoheit wird
wieder in unserem Lande wohnen.

PSALM 85,8–9

Denkanstoß

Im Lauf der Jahrhunderte hat das alte Kirchenlied „Wenn Friede mit Gott meine Seele durchdringt" (Originaltitel: „When peace, like a river, attendeth my way") viele Menschen ermutigt und getröstet. Ein Mann namens Horatio Gates Spafford hat es im Jahr 1873 während einer Schiffsreise über den Ozean geschrieben, kurz nachdem seine vier Töchter auf tragische Weise ertrunken waren. Ich habe eine Version des Liedes am 11. September 2001 aufgenommen. Genau zu dem Zeitpunkt, als zwei entführte Flugzeuge ins World Trade Center in New York krachten, war auch ich in einem Flugzeug unterwegs zu einer Aufnahme-Session in Nashville. Ich hatte keine Ahnung von dem, was an diesem Vormittag passiert war, bis wir landeten – und dann wurde es plötzlich schreckliche Realität. Im Flughafengebäude gab es die schockierenden Bilder des Anschlags über Bildschirm zu sehen. Menschen standen in Gruppen zusammen und konnten nicht glauben, was sie dort sahen. Viele weinten und klammerten sich aneinander.

Ich erinnere mich noch sehr genau an meine Ankunft im Aufnahmestudio. Auch dort war die Stimmung sehr gedrückt. Wir versammelten uns in fassungslosem Schweigen und verfolgten im Fernsehen mit, was weiter passierte. Wie hätten wir in so einer Situation kreativ sein können? Als ich die Fernsehbilder sah, dachte ich: *Wie um alles in der Welt soll ich fröhlich singen können, wenn gerade solche Sachen passieren?* Ich entschied mich dafür, „Wenn Friede mit Gott meine Seele durchdringt" an diesem Tag aufzunehmen. Ich konnte dieses Lied – trotz der schrecklichen Ereignisse – singen, weil ich wusste, dass Gott da ist. Er ist der einzige wirkliche und beständige Trost – der Einzige, der unsere Tränen trocknen, den schrecklichen Schmerz auffangen und uns inmitten entsetzlicher Umstände Hoffnung geben kann. An dem Tag – genau wie heute – war und ist Gott bei uns. Nur wenn Jesus die Mitte unseres Lebens ist, können wir voller Zuversicht mit den Worten des Refrains sagen: „It is well with my soul – Meine Seele hat Frieden gefunden".

Weitergedacht

Einer der hebräischen Namen für Gott ist *Jehovah-shammah*. Weil die Leute in Juda Gott gegenüber ungehorsam gewesen waren, erlaubte Gott dem König Nebukadnezar, Juda anzugreifen und sein Volk ins Exil zu bringen. Der Glaube der Juden wurde dadurch sehr erschüttert und sie fragten: „Wo ist unser Gott?" Der Prophet Hesekiel, der die Zerstörung des Landes mit angesehen hatte, wurde dazu bestimmt, Gottes Worte an die Menschen aus Juda weiterzugeben. Er hatte die Vision von einer Zukunft, in der Gott seinen Heiligen Geist auf Israel ausgießen und es erneuern würde. Die Stadt, in der das Volk dann wohnen würde – das neue Jerusalem –

bekäme den Namen *Jehovah-shammah*, das bedeutet: „Hier wohnt der Herr" (Hesekiel 48,35).

Durch Jesus wurde diese Prophezeiung erfüllt. Gott schloss einen neuen Bund mit seinem Volk. Der, der dies möglich gemacht hat, wurde Immanuel, also „Gott ist mit uns" genannt. Und im letzten Buch der Bibel, in Offenbarung 21,2–3, berichtet Johannes von der neuen Stadt: „Ich sah, wie die Stadt Gottes, das neue Jerusalem, von Gott aus dem Himmel herabkam: festlich geschmückt wie eine Braut an ihrem Hochzeitstag. Eine gewaltige Stimme hörte ich vom Thron her rufen: ‚Hier wird Gott mitten unter den Menschen sein! Er wird bei ihnen wohnen, und sie werden sein Volk sein. Ja, von nun an wird Gott selbst in ihrer Mitte leben.'" Es wird keinen Schmerz, keinen Tod und keine Tränen mehr geben. Alles wird gut sein, weil Gott da sein wird!

Mitten ins Leben

Vielleicht musstest du auch schon einmal etwas Schreckliches erleben. Möglicherweise hast du dich in dieser Situation total danach gesehnt, dass Gott bei dir ist, weil du ihn nicht spüren konntest. Kennst du jemanden, der es im Moment dringend braucht, von Gott Zuwendung und Trost zu erfahren? Er ist *Jehovah-shammah* und ist bereit, dir zu begegnen, was auch immer du gerade erlebst. Du kannst dich an ihn wenden. Er lässt dich nicht hängen.

65.

EIN BALANCEAKT

Selbst wenn ich vor Angst keinen Ausweg mehr weiß, freue ich mich
über deine Gebote; sie sind gerecht, und daran wird sich nie etwas
ändern. Hilf mir, sie besser zu verstehen, damit ich wieder auflebe.

PSALM 119,143–144

Denkanstoß

Falls es dir auch nur annähernd so geht wie mir, dann hast du garantiert immer viel zu tun. Es kommt mir oft so vor, als würden die Stunden eines Tages nicht ausreichen für das, was ich alles erledigen will. Vor ein paar Jahren musste ich eine schwierige Lektion in puncto Balance lernen. Ich hatte meinen Körper gründlich überfordert und musste nun die Konsequenzen tragen. Einmal litt ich unter dem sogenannten „Bell-Syndrom", einer Lähmung eines bestimmten Gesichtsnervs, das üblicherweise auf Stress zurückzuführen ist. Ich litt unter körperlicher und emotionaler Erschöpfung. Anderen hatte ich nicht mehr viel zu geben und war wahrscheinlich so nah dran am Burnout wie nie zuvor. So was möchte ich definitiv nicht noch einmal erleben!

Gott hat mich vor dem Schlimmsten bewahrt und mir vor allem eingeschärft, langsamer zu machen. Gott möchte, dass wir lernen, uns körperlich und seelisch nicht bis zur Erschöpfung auszupowern. Manchmal ist es in Ordnung, „nein" zu sagen. Man braucht eine

Weile, um zu spüren, wann ausruhen und wann arbeiten dran ist – aber je eher du lernst, die Balance zu finden, desto besser!

Ich möchte mein Gleichgewicht finden – die Balance zwischen Ausruhen und Arbeiten, Geben und Empfangen. Es wäre schlecht, eine Seite überzubetonen. Man kann nur dann anderen etwas geben, wenn man zuvor selbst etwas bekommen hat. Ich bemühe mich ständig darum, die Balance zu finden, aber bei meinem Zeitplan ist das manchmal einfach unerreichbar. Dann versuche ich wenigstens, ein paar klare Grenzen zu setzen, ohne dabei zu gesetzlich zu sein.

Ich lerne inzwischen immer mehr, was der Schlüssel zum inneren Gleichgewicht ist: alle Bereiche meines Lebens an Gott abzugeben. Wir müssen täglich seine Nähe suchen und ihm unsere Pläne überlassen. Er möchte nicht, dass wir unsere Sorgen und Ängste ständig mit uns herumschleppen und uns davon stressen lassen. Er möchte sie tragen. Gott kann unser Leben ins Gleichgewicht bringen – wenn wir es ihm erlauben.

Weitergedacht

In stressigen Zeiten haben wir die Wahl: Wir können Pillen schlucken, die uns beruhigen. Oder wir können zur Bibel greifen, die vollgepackt ist mit Verheißungen, über die es sich nachzudenken lohnt. Diese Verheißungen bieten Hoffnung und Frieden in stürmischen Zeiten. Halte dich daran fest, wenn dein Leben aus dem Gleichgewicht geraten ist und du Gottes Ruhe dringend nötig hast. Jesus sagt: „Ladet alle eure Sorgen bei Gott ab, denn er sorgt für euch" (1. Petrus 5,7).

Zum Weiterlesen: Jesaja 26,3; Psalm 61,2; Matthäus 11,28–30

Mitten ins Leben

Plane einen ganzen Tag ein, an dem du Zeit mit Gott verbringst. Wohnst du in der Nähe des Meeres, der Berge, eines Flusses – oder gibt es sonst irgendwo einen Platz in der Natur, an dem du dich darüber freuen kannst, wie er die Welt geschaffen hat? Geh an deinen Lieblingsplatz – mit deiner Bibel, einer Decke, einem leeren Notizbuch und einem Stift, aber keiner festgelegten Tagesordnung (außer vielleicht dem Vorhaben, einen kleinen Mittagsschlaf zu halten) und werde still vor Gott. Erlaube ihm, dein Gedankenkarussell anzuhalten. Gib ihm deine Sorgen und Ängste, und dann ruhe dich bei ihm aus.

66.

SCHWIERIGE ZEITEN DURCHSTEHEN

Deshalb setzt alles daran, Gott zu vertrauen, und zeigt das durch
ein vorbildliches Leben. Jeder soll sehen, dass ihr Gott kennt.
Diese Erkenntnis Gottes zeigt sich in eurer Selbstbeherrschung.
Selbstbeherrschung erfordert Ausdauer, und aus der wiederum
erwächst wahre Liebe zu Gott.

1. PETRUS 1,5–6

Denkanstoß

Manchmal bin ich ganz schön k. o., wenn ich auf Tour bin. Dann bete ich: „Jesus, bitte gib mir die Kraft weiterzumachen, denn allein schaffe ich es nicht." Weil ich immer von Menschen umgeben bin, möchte ich anderen ein gutes Vorbild sein. Ich will keine Depri-Stimmung verbreiten, sondern mich von Gott leiten lassen. Dann bete ich: „Gott, sei mir nah; gib mir Kraft; ich möchte dir vertrauen. Sprich zu meinem Herzen und erfülle mich, damit ich nicht leer-laufe, sondern von meinem Überfluss an andere weitergeben kann."
Immer wieder habe ich nach diesem Gebet die Kraft Gottes erlebt. Er spricht dann durch eine sanfte Stimme in meinem Herzen, durch die Bibel oder durch Menschen – und gibt mir oft die Antwort in genau der Situation, die ich gerade durchmache. Gott möchte auch zu dir ganz persönlich reden – und das ist möglich, wenn du seine Nähe suchst.

Vielleicht verstehen wir nicht immer, warum gewisse Dinge in unserem Leben passieren. Wenn etwas passiert, das keinen Sinn zu haben scheint, können wir Folgendes tun: uns entweder ängstlich verstecken und versuchen, vor unseren Schwierigkeiten davonzulaufen, und Gott für unsere Situation verantwortlich machen – oder aber wir können uns zu ihm flüchten und ihn um Kraft und Frieden bitten. Es gibt Zeiten, in denen es tatsächlich keine klaren Antworten gibt – und dann ist es gut, wenn wir uns in unserer Verzweiflung an Gott klammern.

Weitergedacht

In der Anfangszeit des Christentums wurden die Anhänger von Jesus heftig verfolgt, und viele von ihnen mussten für ihren Glauben sterben. Stephanus war der Erste, der in der Bibel erwähnt wird: von seiner Steinigung wird in Apostelgeschichte 8 erzählt. Der Apostel Jakobus wurde später von König Herodes mit dem Schwert getötet. Petrus wurde der Überlieferung nach kopfüber gekreuzigt, sein Bruder Andreas starb in Griechenland den Märtyrertod und Philippus wurde während der Herrschaft des römischen Kaisers Domitian gekreuzigt.

Für die Nachfolger Jesu, die das miterleben mussten, war das unvorstellbar schrecklich. Und doch hielten viele trotz der Verfolgung an ihrem Glauben fest: „Weil sie Gott vertrauten, konnte er Großes durch sie tun. Sie bezwangen Königreiche, sorgten für Recht und Gerechtigkeit und erlebten, wie sich Gottes Zusagen erfüllten. (...) Als sie schwach waren, gab Gott ihnen neue Kraft. (...) Andere, die auch Gott vertrauten, wurden gequält und zu Tode gefoltert. Sie verzichteten lieber auf ihre Freiheit, als ihren Glauben zu verraten. Die Hoffnung auf ihre Auferstehung gab ihnen Kraft." (aus Hebräer 11,33–38)

Paulus hat die Christen immer wieder dazu ermutigt, sich inmitten ihres Leides zu freuen – in dem Wissen, dass Bewährungsproben unseren Glauben stärker machen und zu geistlicher Reife beitragen (siehe Jakobus 1,3).

Mitten ins Leben

Verglichen mit dem Schicksal der Märtyrer erscheinen dir deine Probleme vielleicht gar nicht mehr so schwerwiegend. Dennoch: Sie sind real und Gott interessiert sich dafür. Welche Dinge brennen dich aus und geben dir das Gefühl, nicht mehr weitermachen zu können? Versuch nicht, diese Last alleine zu tragen. Bring sie zu Jesus, und vertraue ihm, dass er sich der Sache annimmt. Danke ihm für das, was er tun wird. Und dann bleib dran an ihm und seinem Versprechen.

67.

WARTE AUF DAS BESTE, DAS GOTT ZU BIETEN HAT

*Ich setze meine ganze Hoffnung auf den Herrn; voller Sehnsucht
warte ich darauf, dass er zu mir spricht. Ja, ich warte auf den Herrn,
mehr als die Wächter auf den Morgen!*

PSALM 130,5–6

Denkanstoß

Als ich noch Single war, wurde ich oft gefragt, wie ich geduldig auf
Gottes Plan für mein Leben warten könne, obwohl ich immer noch
nicht verheiratet bin. Ich machte keinen Hehl daraus, dass ich irgendwann gerne heiraten wollte. Die Wahrheit war, dass es oft Momente gab, in denen ich es leid war, auf „den Richtigen" zu warten.
Meine Mutter stellte mich irgendwann vor folgende Herausforderung: „Du musst loslassen und Gott in dieser Angelegenheit komplett vertrauen." Ich brach in Tränen aus, denn sie hatte recht. Aber
ich fragte trotzdem: „Wie kann man etwas loslassen, das einem so
wichtig ist?"

Es war sehr schwierig und langwierig, diesen Wunsch an Gott abzugeben. Aber mir wurde und wird immer wieder bewusst, dass ich
nichts möchte, das Gott nicht auch für mich möchte. Wie könnte ich
Freude erleben und ein erfülltes Leben führen, wenn ich mich mit

etwas zufriedengeben würde, das er gar nicht für mich geplant hat? Loszulassen war eine unheimliche Befreiung für mich.

Bevor man an den Punkt kommt, an dem man Gott alles überlässt, sieht das, was in greifbarer Nähe zu sein scheint, immer besonders verlockend aus. Wenn du etwas so Wichtiges nicht loslassen kannst, besteht die Gefahr, dass du dich daran klammerst und es erstickst, wenn du es letztlich doch bekommst. Am Ende wirst du möglicherweise genau das verlieren, was du dir so sehr gewünscht hast.

Ein besseres Gebet als „Gott, wann wirst du mir den Richtigen zeigen?" ist: „Gott, ich weiß nicht, was du mit meiner Zukunft vorhast ... aber ich sehe dem, was kommt, erwartungsvoll entgegen, weil ich weiß, dass du mich besser kennst als ich mich selbst." Ich möchte *das Beste*, das er für mich hat.

Weitergedacht

Hast du schon mal so lange auf etwas gewartet, dass es, als du es dann endlich bekommen hast, gar nicht mehr so toll war, wie erhofft? Warst du schon mal total scharf darauf, ein Weihnachtsgeschenk auszupacken – und dann kam die große Enttäuschung, als es ausgewickelt vor dir lag? Hast du einem Ereignis schon mal so richtig entgegengefiebert und warst dann eher ernüchtert, als es endlich losging? Solche Erfahrungen können echt frustrierend sein. Natürlich wollen wir alle nicht, dass unsere Erwartungen enttäuscht werden. Aber wenn wir nicht aufpassen, rutschen wir sehr schnell in eine Traumwelt ab, die mit der Realität nichts mehr zu tun hat. Andererseits: Gottes Pläne für unser Leben können auch weit über das hinausgehen, was wir uns je erträumen können! Während wir warten, ist es also am besten, in Gottes Nähe zu bleiben und das Leben, so wie es jetzt ist, anzunehmen.

Mitten ins Leben

Hast du dein Leben und deine Zukunft schon komplett in Gottes Hand gelegt? Wenn nicht, hilft dir vielleicht folgende Übung: Überkreuze deine Hände vor der Brust und sage Gott, dass du ihm deine Herzenswünsche überlässt. Führe dann deine geöffneten Handflächen nach oben, sodass sie zum Himmel zeigen, und sage ihm, dass du deine Zukunft seinem Plan für dein Leben anvertraust. So ein Gebet ist ganz schön radikal, aber Gott wird ganz bestimmt darauf reagieren!

68.

WAHRER ERFOLG

Um eines habe ich den Herrn gebeten; das ist alles, was ich will:
Solange ich lebe, möchte ich im Hause des Herrn bleiben.
Dort will ich erfahren, wie gut der Herr es mit mir meint, still
nachdenken im heiligen Zelt. Er bietet mir Schutz in schwerer Zeit
und versteckt mich in seinem Zelt.

PSALM 27,4–5

Denkanstoß

Bist du auch ein Listen-Mensch? Ich liebe Listen. Es ist ein tolles Gefühl, auf einer To-do-Liste alle Punkte abhaken zu können, weil sie erledigt sind. Viele Leute freuen sich, wenn wieder etwas geschafft ist. Du bestimmt auch, oder? Aber wenn man die Sache mal genau betrachtet, hat unsere Begeisterung für das Abhaken erledigter Aufgaben oft etwas mit unserem Wunsch zu tun, erfolgreich zu sein. Wir fühlen uns gut und stark, wenn wir Dinge erledigt haben. Aber ich habe oft das Gefühl, dass Gott mir sagen möchte: „Komm in meine Nähe, auch wenn dir das wie reine Zeitverschwendung vorkommt, weil du noch so viel anderes zu tun hast. Liebe mich und lass dich von mir lieben."

Immer, wenn ich mich zurückziehe, um mal länger Zeit mit Gott zu verbringen, zeigt er mir, wie wichtig es ist, zu *sein*, anstatt ständig irgendetwas zu *tun*. Ich gehe gerne mit Gott spazieren und ge nieße dabei die Natur oder schaue mir den Sternenhimmel an. Ich bin total gerne draußen und freue mich über die Welt, die er uns geschenkt hat. Es gibt Momente, in denen Gott möchte, dass wir einfach bei ihm sind und nicht das Gefühl haben, etwas leisten zu müssen. Ich beispielsweise lege mich ab und zu, wenn ich bei meinen Eltern zu Besuch bin, in die Hängematte und lese. Kleine Ruhepausen sind total wichtig und tun uns gut.

Vor einer Gemeinde sah ich einmal ein Schild mit der Aufschrift: „Die Welt belohnt Erfolg. Gott belohnt Treue." Gott sagt: „Gewöhn dir einfach an, dich bei mir auszuruhen. Ich verlange nichts von dir." Es geht um ihn, nicht um uns. Wenn wir das immer wieder auf dem Schirm haben, hilft uns das, uns wirklich darauf zu konzentrieren, was er mit uns vorhat. Und das ist seine Definition von Erfolg!

Weitergedacht

Ich liebe die Geschichte von Maria aus Bethanien. Bei ihr und ihrer Schwester Marta hatten sich gerade Jesus und seine Jünger auf einen Besuch angekündigt. Im Vorfeld gab es da natürlich alle Hände voll zu tun. Aber Marta hatte schließlich nur noch das Wohlergehen der Gäste – aber nicht die Gäste selbst – im Blick. Von ihr heißt es in Lukas 10,40: „Marta aber war unentwegt mit der Bewirtung ihrer Gäste beschäftigt." Im Klartext: Die Frau war im Stress. Alles musste seine Ordnung haben. Sie hatte so viel um die Ohren, dass sie Jesus bat einzugreifen. Sie fragte ihn aufgeregt, ob es ihm denn gar nicht auffalle, dass sie die ganze Arbeit machte, während ihre Schwester Maria einfach ihm zu Füßen saß und ihm zuhörte (Vers 39). Jesus antwortete ihr: „Marta, Marta, du bist um so vieles besorgt und machst dir so viel Mühe. Nur eines aber ist wirklich wichtig und gut! Maria hat sich für dieses eine entschieden, und das kann ihr niemand mehr nehmen" (Lukas 10,41–42). Marta dachte, dass es besonders wichtig sei, dafür zu sorgen, dass Jesus sich wohlfühlt und strengte sich dafür sehr an. Aber Jesus war es vor allem wichtig, dass sie einfach nur da ist und mit ihm und den anderen Gemeinschaft hat. Marias Entscheidung, Jesus zuzuhören, war deshalb mehr wert als all das köstliche Essen, das Marta gekocht hatte. Es ist leicht, sich von den Dingen des Alltags ablenken zu lassen. Dabei ist nur eins wirklich wichtig: Die Nähe zu Jesus.

Mitten ins Leben

Bist du eher wie Marta oder eher wie Maria? Was hält dich davon ab, in die Nähe von Jesus zu kommen? Was kannst du heute tun, um einfach bei ihm zu *sein*?

69.

FÜR GOTT KREATIV SEIN

Darum soll jeder sich selbst genau prüfen. Dann wird er sich über
seine guten Taten freuen können, aber keinen Grund zur
Überheblichkeit haben. Denn jeder ist für sein eigenes Tun vor Gott
verantwortlich. Das ist schon schwer genug!

GALATER 6,4–5

Denkanstoß

Francis Schaeffer, der Gründer der L'Abri-Gemeinschaft in der
Schweiz, in der ich vor ein paar Jahren einige Wochen verbracht
habe, hat einmal gesagt: „Kunst spiegelt den Charakter Gottes wider; der Beweis dafür, dass wir nach Gottes Ebenbild geschaffen
wurden." Es liegt in Gottes Wesen, Dinge zu erschaffen, und er liebt
es, wenn seine Kinder die Kreativität ausleben, die er ihnen geschenkt hat. Eine der kreativen Aufgaben, die ich an meiner Arbeit
besonders mag, ist das Erstellen von Musik-Videos. Das bringt mich
immer wieder dazu, „neu" zu denken. Bisher hat mir da der Dreh zu
„Reborn" am meisten Spaß gemacht. Das Setting für das Video war
sehr künstlerisch und außergewöhnlich. Ich durfte mir beispielsweise ein knallorangefarbenes Shirt anziehen und einem Kung-Fu-
Kämpfer bei seiner Darbietung zusehen.

Im Moment passieren ein paar richtig coole Sachen, weil mehr
und mehr Christen sich in der Kunstszene engagieren. Es hat lange

danach ausgesehen, als sei für wahre Künstler kein Platz in unseren Gemeinden. Aber jetzt gibt es mehr und mehr Gemeinden, die ihre Mitglieder ermutigen, für Gott künstlerisch tätig zu werden – in Bereichen wie Zeichnen, Malen, Tanz, Töpfern, Theater spielen, Drehbuch schreiben, Bühnenbildnerei und Video-Produktion. Es gibt so viele fantastische Möglichkeiten, Menschen auf allen Sinnesebenen mit der guten Nachricht zu erreichen. Es wird Zeit, dass Menschen von ihren künstlerischen Möglichkeiten Gebrauch machen!

Wenn es darum geht, unserem Glauben Ausdruck zu geben und andere mit Gott bekannt zu machen, können wir uns nicht mit alten Klamotten zufriedengeben. Unsere Zeit verändert sich unglaublich schnell. Wir müssen darauf reagieren, um mit unserem Glauben nicht als „Leute von vorgestern" dazustehen. Ich weiß nicht, wie es dir geht, aber ich bin keiner, der in seinem alten Trott bleiben will. Gott hat uns dazu geschaffen, das Leben voll auszukosten und er freut sich total darüber, wenn wir kreativ sind.

Weitergedacht

Als Gott Salomo bat, in seinem Namen einen Tempel in Jerusalem zu bauen, wusste dieser, dass er besonders begabte Künstler und Handwerker dafür brauchen würde. Salomo bat deshalb Hiram, den König von Tyrus, um Hilfe. Dieser antwortete: „Ich kann dir den erfahrenen Künstler senden, den du suchst: Er heißt Hiram-Abi und ist der Sohn einer israelitischen Frau aus dem Stamm Dan. Hiram kann mit Gold, Silber, Bronze, Eisen, Steinen und Holz arbeiten; er weiß, wie man mit rotem und violettem Purpur und mit Karmesin Stoffe färbt, er versteht sich auf die Verarbeitung von feinen Leinenstoffen; aber auch im Schnitzen und Gravieren ist er geübt. Er zeichnet dir zu jedem Auftrag einen Entwurf und wird mit deinen Künstlern und denen deines verehrten Vaters David zusammenarbeiten"

(2. Chronik 2,13–14). Gott meint es ernst, wenn es um schönes Design geht – für den Ort, an dem er wohnen möchte. Und genauso, wie er die Handwerker des Tempels begabt hat, hat er auch dich mit besonderen Talenten gesegnet, die du für ihn einsetzen kannst.

Mitten ins Leben

Mit welchen Gaben und Fähigkeiten hat dich Gott ausgestattet? Wie benutzt du sie, um ihm Ehre zu machen? Er freut sich, wenn du deine Kreativität (wie immer sie auch aussehen mag) ihm widmest. Je mehr du deine Begabungen für ihn einsetzt, umso mehr wird er sie weiterentwickeln.

70.

WENN SEIN GEIST UNSEREN GEIST BERÜHRT

Doch es kommt die Zeit – ja, sie ist schon da –, in der die Menschen den Vater überall anbeten werden, weil sie von seinem Geist und seiner Wahrheit erfüllt sind. Von diesen Menschen will der Vater angebetet werden. Denn Gott ist Geist. Und wer Gott anbeten will, muss von seinem Geist erfüllt sein und in seiner Wahrheit leben.
JOHANNES 4,23–24

Denkanstoß

Als ich klein war, habe ich viel Zeit bei meinen Großeltern verbracht. Sie hatten ein schönes, mehrstöckiges Haus mit einem Blumengarten und vielen Obstbäumen. Eine der schönsten Erinnerungen an diese Zeit ist das Vogelgezwitscher, von dem ich morgens geweckt wurde. Meistens waren das Regenbogenpapageien, die eigentlich mehr krächzten als sangen, aber für meine Ohren klang es toll. Und in Gottes Ohren klingt es ebenfalls wunderschön, denn für ihn sind es Loblieder auf ihn – Lieder der Dankbarkeit für das Leben und jeden neuen Tag. Dieser Gedanke hat mich dazu inspiriert, „Song of love" zu schreiben. Es ist Gott nicht wichtig, wie gut wir singen können. Worauf es ankommt, ist unsere Aufrichtigkeit. Es ist die Liebe Gottes, die uns immer wieder dazu bringt, ihn zu loben.

Einer der genialsten Aspekte an meiner Arbeit ist das Schreiben von Anbetungsliedern. Es ist toll, zu erleben, wie Gott ein Lied erst in mir entstehen lässt, und es das Publikum dann irgendwann singt, um selbst damit Gott anzubeten!

Eins meiner absoluten Lieblingsanbetungslieder ist „Quiet you with my love" (Ich beruhige dich mit meiner Liebe), das von dem Vers aus Zefanja 3,17 inspiriert ist. Dieser Vers ist Gottes Liebeslied für uns. Ich stelle mir Gott als unseren Papa vor, der für uns singt: „Beruhige dich, mein Kind. Entspann dich in meinen Armen. Lass mich dich halten." Wir sind dafür geschaffen, Gott anzubeten, ihn zu bewundern und in Gemeinschaft mit ihm zu leben. Die Freude, die daraus entsteht, ist ein tolles Geschenk. Anbetung besteht aus Gebeten, die von Herzen kommen, Gebeten voller Liebe, die sagen: „Gott, danke dafür, dass du der bist, der du bist."

Ich bin schon seit einigen Jahren Mitglied einer Gemeinde in meiner Heimatstadt, aber neulich ist der Pastor, der bei uns für Anbetung zuständig ist, weggezogen, und ich wurde gefragt, ob ich als Anbetungsleiterin aushelfen könne. Normalerweise möchte ich, wenn ich gerade von einer Tour nach Hause zurückkomme, einfach nur die Anbetungszeit in mich aufsaugen (weil ich dann ziemlich erschöpft bin und nichts mehr zu geben habe) und nicht schon wieder „im Rampenlicht" stehen. Aber nach und nach habe ich sehr gerne im Anbetungsteam ausgeholfen, weil ich gemerkt habe: die Aufmerksamkeit liegt nicht auf mir, sondern darauf, dass ich anderen dabei helfen kann, Gott zu feiern.

Weitergedacht

Ich mag die Geschichte von Jesus und seiner Begegnung mit der Frau am Jakobsbrunnen (siehe Johannes 4) so sehr, weil sie auf eindrucksvolle Weise klarmacht, welche Art von Anbetung Gott gefällt.

Nachdem Jesus der Frau offenbart hatte, dass er *alles* über ihr Leben wusste, fiel es ihr wie Schuppen von den Augen und sie erkannte, wer Jesus war. Also fragte sie ihn, wo man Gott am besten anbeten könne – auf dem Berg, auf dem die Samariter es taten, oder im Tempel in Jerusalem, wie die Juden behaupteten? Jesus erklärte, dass wahre Anbetung nichts mit dem Ort zu tun hat, an dem sie stattfindet, sondern mit der inneren Einstellung.

Echte Anbetung bedeutet, dass wir uns in Freundschaft und Vertrautheit Gott nahen. Echte Anbetung beginnt dort, wo wir ernsthaft nach der Wahrheit Gottes suchen und wir uns immer mehr nach ihm sehnen. Die Frau am Jakobsbrunnen hat Jesus schließlich gestanden, dass sie das alles viel besser verstehen würde, wenn der Messias kommt. Kannst du dir vorstellen, wie ihr die Kinnlade runtergeklappt ist, als Jesus ihr sagte: „Du sprichst mit ihm. Ich bin der Messias." (Johannes 4,26)? Die Frau war so aus dem Häuschen, dass sie losrannte, um den anderen davon zu erzählen, und sogar ihren Wasserkrug am Brunnen stehen ließ. „Ich habe einen Mann getroffen, der alles von mir weiß!" (Vers 29). Viele Menschen aus ihrem Dorf fingen daraufhin an, an Jesus zu glauben. Wahre Anbetung und Bewunderung führt andere zu Jesus.

Mitten ins Leben

Sehnst du dich danach, Zeit mit Gott zu verbringen und ihn anzubeten? Nimm dir heute Zeit dafür.

71.

GOTTES PLÄNE UND UNSERE PLÄNE

Der Mensch macht viele Pläne, aber es geschieht, was Gott will.

SPRÜCHE 19,21

Denkanstoß

Neulich hatte ich ein tolles Erlebnis, das mir gezeigt hat, dass Gottes Pläne immer besser sind als meine eigenen. Kurz vor einem Konzert in Tennessee fing es plötzlich an zu regnen. Zum Glück gab es an dem Ort die Möglichkeit, in einem Café aufzutreten und so das Publikum ins Trockene zu holen. Wir gaben ein ziemlich improvisiertes und verspätetes Unplugged-Konzert für alle, die trotz des Wetters gekommen waren. Und der Abend wurde zu einer sehr bewegenden Zeit der Begegnung in sehr familiärer Atmosphäre. Etwas, das für viele der Konzertbesucher ein enttäuschendes Erlebnis hätte werden können, entwickelte sich zu einer sehr intensiven Anbetungszeit, die wir in dem großen Amphitheater, wo das Konzert eigentlich hätte stattfinden sollen, vermutlich nicht erlebt hätten. Danke an Gott, dass er die Sache so gedreht hat!

Selbst wenn wir die Sonne nicht sehen können, weil sie hinter ein paar Wolken verborgen ist, führt Gott für seine Kinder alles zum Guten (siehe Römer 8,28). Eins meiner Lieblingsbücher in der Bibel ist der Jakobus-Brief. Über Gottes Pläne und unsere Pläne steht dort Folgendes: „Noch etwas will ich euch sagen. Manche von euch kündigen an: ‚Heute oder morgen wollen wir hier- und dorthin reisen. Wir wollen dort ein Jahr bleiben, gute Geschäfte machen und viel Geld verdienen.‘ Dabei wisst ihr nicht einmal, was morgen geschieht! Was ist denn schon euer Leben? Nichts als ein leiser Hauch, der – kaum ist er da – auch schon wieder verschwindet. Darum sollt ihr lieber sagen: ‚Wenn der Herr will und wir leben, wollen wir dieses oder jenes tun.‘“ (Jakobus 4,13–15).

Es ist ganz sicher nicht falsch, Reisen zu planen, Absprachen zu treffen, am Leben in seiner Stadt und seiner Gemeinde teilzunehmen und regelmäßige Termine zu machen. Aber wir sollten immer im Hinterkopf haben, dass Gott manchmal eingreift und unsere Pläne durcheinanderwirft, wenn er möchte, dass wir etwas Bestimmtes lernen. Oft ist das, was wir als Hindernis oder Unterbrechung empfinden, eine Chance für uns, persönlich zu wachsen oder anderen zu helfen.

Weitergedacht

Hier einige Wahrheiten über Gottes Pläne für unser Leben:

- Was er sich vorgenommen hat, das tut er; seine Pläne sind gültig für alle Zeit. (Psalm 33,11)

- Der Mensch plant seinen Weg, aber der Herr lenkt seine Schritte. (Sprüche 16,9)

- Ja, der Herr, der allmächtige Gott, hat geschworen: „Was ich mir vorgenommen habe, das tue ich. Was ich beschlossen habe, das geschieht.“ (Jesaja 14,24)

Mitten ins Leben

Hat Gott schon mal in dein Leben eingegriffen und etwas in die Wege geleitet, das besser war als das, was du geplant hattest? Hast du schon mal eine Entscheidung getroffen, ohne danach zu fragen, was Gott darüber denkt – und dann hat sich im Nachhinein herausgestellt, dass es eine ziemlich schlechte Entscheidung war, mit deren Konsequenzen du dann leben musstest? Machst du gerade Pläne, die du Gott überlassen solltest? Such dir einen der obigen Verse aus und denke in deiner stillen Zeit darüber nach.

72.
GEMEINSCHAFT LEBEN

Was wir nun selbst gesehen und gehört haben, das geben wir euch weiter, damit ihr mit uns im Glauben verbunden seid. Gemeinsam gehören wir zu Gott, dem Vater, und zu seinem Sohn Jesus Christus. (...) Leben wir aber im Licht, so wie Gott im Licht ist, dann haben wir Gemeinschaft miteinander. Und das Blut, das sein Sohn Jesus Christus für uns vergossen hat, befreit uns von aller Schuld.

1. JOHANNES 1,3 + 7

Denkanstoß

Vor ein paar Jahren war ich zum ersten Mal nach Tschechien gereist. Als ich dort war, feierte das Land gerade ein nationales Jugendtreffen in der Stadt Tabor. Mehr als 7.000 junge Tschechen kamen zu meinem Konzert und hüpften, klatschten und sangen die ganze Zeit über – es sah aus wie ein riesiges Meer aus Menschen. Während des Songs „Forgive me" (Vergib mir) hoben fast alle die Hände als Zeichen der Hingabe an Gott. Nach dem, was die Veranstalter mir erzählt haben, denke ich, dass das Konzert für viele im Publikum die erste Begegnung mit dem Glauben war.

Europa ist fast so etwas wie meine zweite Heimat. Ich reise immer echt gerne dorthin, weil die Leute dort so begeistert sind von der musikalischen und geistlichen Ermutigung, die wir ihnen bringen. In einigen Ländern war ich schon viele Male und habe dort so eine

Art unterstützende „Ersatzfamilie" gewonnen. Sie zu sehen, ist wie nach Hause kommen. Ich empfinde eine echte Nähe zu diesen Menschen und sie haben mein Herz mit der Liebe von Jesus „seltsam gewärmt". Wenn ich dann wieder nach Hause fahre, bin ich gestärkt, ganz ähnlich wie die beiden Männer, die mit Jesus nach Emmaus unterwegs waren.

Wir feiern zusammen das Abendmahl, um uns an die zentrale Wahrheit unseres Glaubens zu erinnern: dass Jesus für unsere Sünden gestorben und von den Toten auferstanden ist und lebt. Er hat uns dazu aufgefordert, dieses Mahl regelmäßig mit unseren Brüdern und Schwestern zu feiern, damit wir sein großes Opfer nicht vergessen. In meinem Song „Lest I Forget" (Damit ich nicht vergesse) heißt es:

Lord, you wept tears of blood for me,
You hung in agony so deep,
Carried my sin away for good.
Now, I, I take this bread and wine

Remembering your love divine.
You walked through fire to free my soul.[3]

Herr, du hast blutige Tränen für mich vergossen,
Du hingst dort in Todesangst,
Hast meine Sünde für immer weggebracht.
Jetzt nehme ich dieses Brot und diesen Wein
Und erinnere mich an deine göttliche Liebe.
Du bist durchs Feuer gegangen,
um meine Seele zu befreien.

---

3 Rebecca St. James, Rob Hawkins © 2005 Up in the Mix Music/ Rambuka Musik (BMI)/ Meadogreen Music Company (ASCAP), verwaltet durch EMI CMG Publishing.

Egal, wo wir das Abendmahl mit anderen Menschen feiern – ob zu Hause, in unserer Gemeinde oder einem anderen Land: Es passiert etwas Gewaltiges, wenn wir als Christen zusammenkommen und uns daran erinnern, was er für uns getan hat.

Weitergedacht

Im Lukas-Evangelium (Kapitel 24) finden wir die Geschichte der zwei Jünger, die nach der Auferstehung von Jesus nach Emmaus unterwegs waren, einem kleinen Ort, der etwa elf Kilometer westlich von Jerusalem lag. Die beiden Männer waren sehr geknickt und sprachen über das, was sich seit dem Tod, dem Begräbnis und der Auferstehung von Jesus alles ereignet hatte. Plötzlich kam Jesus dazu und lief neben ihnen her, aber sie waren „wie mit Blindheit geschlagen" (Vers 16). Sie sprachen auch mit Jesus über die aktuellen Ereignisse, und er erklärte ihnen so einiges über den Messias. Aber sie merkten immer noch nicht, wer er war.

Jesus blieb noch ein Weilchen bei den beiden Männern und aß mit ihnen zu Abend. Und dann, als Jesus das Tischgebet sprach und das Brot an sie austeilte, fiel es ihnen wie Schuppen von den Augen und sie erkannten ihn. Doch in diesem Moment verschwand Jesus vor ihren Augen.

Es ist interessant, dass sie ihn erst erkannten, als er das Brot brach und es ihnen gab. Vielleicht hatten sie gesehen, wie die gleichen Hände das Brot für die 5.000 Menschen gebrochen hatten (siehe Matthäus 14,13–21). Als sie mit ihm aßen, fiel es ihnen plötzlich wie Schuppen von den Augen, und sie erkannten seine wahre Identität. Es passieren krasse Sachen, wenn wir uns in die Gemeinschaft mit Jesus und anderen Christen begeben. Zusammen sind wir stark!

Mitten ins Leben

Nimm dir etwas Zeit, um dich an die besten Momente zu erinnern, die du in Gemeinschaft mit anderen Christen verbracht hast. Wie wurdest du dadurch ermutigt? Bedanke dich bei Gott dafür. Und dann schreibe jemandem eine Postkarte und danke ihm dafür, dass er dir auf seine Art weitergeholfen hat.

73.

AUTHENTISCH SEIN

Hilf mir, dass ich aufrichtig und ehrlich leben kann, Herr,
ich vertraue dir!
PSALM 25,21

Denkanstoß

Australier sind für ihre direkte, unkomplizierte und klare Art im Umgang mit anderen bekannt. Ich war 14, als meine Familie nach Amerika zog und gleich in das Herz der amerikanischen Kultur eintauchte – und zwar in eine Gegend, die sehr für ihre Gastfreundschaft bekannt ist – nach Nashville, Tennessee. Im Großen und Ganzen fand ich das toll. Aber ich konnte mich nur schwer daran gewöhnen, wenn ich Leute sagen hörte: „Wir treffen uns auf jeden Fall mal, ja?" oder „Lass uns demnächst mal zusammen zu Mittag essen" – und sie es gar nicht ernst meinten.

Wie weiß man, ob jemand das, was er sagt, wirklich ernst meint? Wie findet man heraus, ob die Person authentisch ist? Woher weiß man, ob jemand aufrichtig ist und nicht einfach nur nett sein will? Als ich noch ziemlich neu in Amerika war, wollte ein Mädchen aus der Gemeinde mit mir Freundschaft schließen. Sie war sehr nett und herzlich zu mir. Doch nach zwei Monaten zog sie sich plötzlich zurück und war gar nicht mehr so nett. Später erfuhr ich, dass einer der Sonntagsschulmitarbeiter sie gebeten hatte, meine Freundin zu werden, weil ich die Neue war. Ich weiß noch, dass mich das sehr verletzt hat. Mir wäre es lieber gewesen, wenn die Freundschaft erst gar nicht entstanden wäre, denn sie war nicht echt.

Im Gleichnis vom Bauern, der Getreide aussät, erwähnt Jesus den Samen, der auf fruchtbaren Boden fällt und hohe Erträge bringt. In Lukas 8,15 heißt es: „Der gute Boden dagegen steht für verlässliche, aufrichtige Menschen, die Gottes Botschaft hören, an ihr festhalten und durch ihre Beständigkeit viel Frucht hervorbringen" (NL). Gott ist es sehr wichtig, dass wir innerlich aufrichtig sind und anderen gegenüber authentisch auftreten. Wenn wir das tun, werden wir viele Früchte ernten. Jesus ist gestorben, damit wir in ihm ein Leben in Freiheit leben können. Wir können diese Freiheit voll und ganz zum Ausdruck bringen, indem wir anderen gegenüber echt sind.

Weitergedacht

Nachdem Philippus Jesus zum ersten Mal getroffen hatte, erzählte er seinem Freund Nathanel, dass er den Messias gesehen habe, auf den sie schon so lange warteten. Weil Nazareth damals kein besonders angesehener Ort war, sagte Nathanael: „Was kann von da schon Gutes kommen!" (Johannes 1,46) Als Jesus Nathanel auf sich zukommen sah, konnte er ihm direkt ins Herz sehen: „Hier kommt ein aufrichtiger Mensch, ein wahrer Israelit!" (Vers 47) Die englische Bibelübersetzung „The Message" findet dafür etwa folgende Worte: „Das ist mal ein echter Israelit, bei dem sitzt sogar jeder Knochen richtig." Viel mehr wissen wir nicht über Nathanael, aber eine bessere Referenz als die, die Jesus ihm gegeben hat, konnte er im Leben wohl nicht mehr bekommen.

König David hat gesagt: „Glücklich ist der Mensch, dem Gott seine Sünden nicht anrechnet, und der mit Gott kein falsches Spiel treibt!" (Psalm 32,2) Wenn es nichts zu verstecken gibt, gibt es auch nichts, wofür man sich schämen müsste.

Mitten ins Leben

Ist es für dich schwierig, dem anderen gegenüber komplett ehrlich zu sein? Was hält dich davon ab, authentisch mit den Menschen umzugehen, die dir am nächsten stehen? Gib die Ängste, die du in diesem Zusammenhang hast, an Gott ab. Dann geh das Risiko ein, dich verletzlich zu machen, und warte ab, was passiert.

74.
KEINE GEHEIMNISSE

Wer ehrlich ist, lebt gelassen und ohne Furcht; ein Unehrlicher aber wird irgendwann ertappt. Betrug richtet Schaden an, und ein Schwätzer rennt in sein eigenes Unglück.

SPRÜCHE 10,9–10

Denkanstoß

Als ich ein Teenager war, führten meine Eltern den Grundsatz „Keine Geheimnisse" in unserer Familie ein. Sie ermutigten meine Geschwister und mich dazu, zu erzählen, was in unserem Leben passiert – sowohl das Gute als auch das Schlechte. Im Gegenzug redeten auch sie offen über ihre Probleme und wurden uns damit zu guten Vorbildern für diese Art von Offenheit. Dank ihrem Beispiel konnte ich offen und ehrlich mit meinen Eltern umgehen und sie wie Freunde behandeln. Das Ganze war ein tolle Unterstützung und ich habe schon oft von ihrer geistlichen Ermutigung und ihrem Rat profitiert.

Der Grundsatz „Keine Geheimnisse" hat mir in der schwierigen Zeit geholfen, die ich mit Anfang 20 erlebte. Ich war von zu Hause ausgezogen und litt nach einer anstrengenden, dreizehnmonatigen Tour und einem Missionseinsatz in Rumänien sehr unter Einsamkeit, Erschöpfung und emotionalen Problemen. Ich kämpfte sehr mit Traurigkeit und fragte mich ernsthaft, ob es je wieder ein Licht am Ende des Tunnels geben würde. Zu der Zeit fragten mich Leute oft, wie es mir geht, und ich antwortete meistens: „Na ja ... nicht so gut. Ist gerade eine ziemlich harte Zeit", anstatt einfach zu sagen: „Gut!" oder „Geht so."

Meine Offenheit führte dazu, dass Leute anfingen, für mich zu beten, und mir so halfen, diese dunkle Zeit zu überstehen. Es ist sehr wichtig, authentisch zu sein und sich damit auch verletzlich zu machen. Wenn wir ständig Mauern hochziehen und sagen, dass alles in Ordnung ist, kommunizieren wir damit: „Ich bin perfekt; ich habe keine Probleme; ich brauche niemanden." Das führt dazu, dass andere sich von uns fernhalten und sich vielleicht so vorkommen, als hätten nur sie Probleme und kein anderer könne sie verstehen. Wenn wir uns öffnen und das Risiko eingehen, echt zu sein, werden wir feststellen, dass andere ähnliche Probleme und Verletzungen haben wie wir. Wir können uns nur dann gegenseitig helfen, wenn wir in einer Atmosphäre der Offenheit miteinander leben.

Natürlich muss es immer einen angemessenen Ort und eine günstige Zeit dafür geben, anderen persönliche Details unseres Lebens zu erzählen. In schwierigen Zeiten habe ich, wenn ich auf der Bühne stand, meinem Publikum nicht erzählt, womit ich gerade zu kämpfen habe. Es ist wichtig, anderen gegenüber sensibel zu sein. Wir können nicht ständig auf Kosten anderer unsere Gefühlswelt offenbaren. Aber wenn wir der Familie und engen Freunden gegenüber dem Grundsatz „Keine Geheimnisse" folgen, landen wir automatisch bei dieser ultimativen Wahrheit: Wo es keine Geheimnisse gibt, gibt es auch keine Lügen.

Weitergedacht

Jesus ruft uns dazu auf, so zu leben, dass wir nichts zu verbergen haben. Er möchte beispielsweise nicht, dass wir auf der „Bühne" ein bestimmtes Gesicht zeigen und uns dann hinter den Kulissen komplett anders verhalten. Wenn wir in Gottes Wahrheit bleiben und uns bemühen, ihm zu gefallen, werden wir mit „Keine Geheimnisse" keine Probleme haben. In Markus 4,21–22 fordert Jesus uns heraus: „Zündet man etwa eine Öllampe an, um sie dann unter einen Eimer oder unters Bett zu stellen? Im Gegenteil! Eine brennende Lampe stellt man so auf, dass sie den ganzen Raum erhellt. Alles, was jetzt noch verborgen ist, wird einmal ans Licht kommen, und was jetzt noch ein Geheimnis ist, wird jeder verstehen" (Markus 4,21–22).

Mitten ins Leben

Warst du schon mal versucht, die Rolle des „Doppelagenten" zu spielen und zwei verschiedene Leben zu führen? Falls ja, wie hat sich das angefühlt? Sprich mit Gott über den Wunsch, in Offenheit mit ihm und denen gegenüber zu leben, die er dir als Gemeinschaft und Unterstützung zur Seite gestellt hat. Danke ihm, dass er für dich sorgt.

75.

WARUM WIR HOFFNUNG NÖTIG HABEN

Wer keinen Halt mehr hat, den hält der Herr; und wer schon am
Boden liegt, den richtet er wieder auf. Alle schauen erwartungsvoll
zu dir, und du gibst ihnen zur rechten Zeit zu essen.

PSALM 145,14–16

Denkanstoß

Ich erinnere mich noch sehr gut an meine Zeit in Rumänien. Mir lag es sehr am Herzen, im Rahmen eines Kurzeinsatzes dort zu helfen, wo auch immer Gott mich gebrauchen konnte. Als ich hörte, wie viele Menschen – kleine Kinder, Teenager, Erwachsene, ganze Familien – auf der Straße und in der Kanalisation mitten im Müll leben, wurde mir klar, dass diese Menschen kein erfülltes Leben leben. Höchstens eine Art halbes Leben. Sie lebten zwar, aber eigentlich waren sie tot. Manche schnüffelten Klebstoff, um ihren Schmerz für eine Weile zu vergessen. Wenn ich ihnen in die Augen sah, waren sie einfach weggetreten. Das lag nicht nur an den Drogen oder ihren Lebensumständen. Es lag auch daran, dass sie Jesus brauchten.

In seinem Buch „Ich muss verrückt sein, so zu leben"[4] fordert Shane Claiborne die Nachfolger von Jesus heraus, neu zu bedenken, wie echtes, biblisches Christsein in der heutigen Zeit aussehen

---

4 Shane Claiborne: Ich muss verrückt sein, so zu leben. Kompromisslose Experimente in Sachen Nächstenliebe. Brunnen Verlag 2007

sollte – vor allem im Hinblick darauf, wie Christen sich praktisch und konkret um die Armen und Ausgegrenzten kümmern sollten. Das kann irgendwo mitten in der Großstadt oder in einer der ärmsten Regionen der Welt sein. Wir sind dazu verpflichtet, den Armen Hoffnung zu bringen. Aber weißt du was? Auch die Menschen in reichen Gegenden der Welt brauchen Hoffnung. Vielleicht besitzen sie vieles – ein schönes Haus, ein tolles Auto, Geld – aber viele Menschen sind nicht wirklich lebendig. Überall auf der Welt suchen Menschen nach Hoffnung. Überall auf der Welt brauchen Menschen Jesus.

Weitergedacht

Einmal kam Jesus in einen Ort namens Nain, der ein paar Kilometer südöstlich seines Heimatortes Nazareth lag. Als er sich mit seinen Jüngern dem Stadttor näherte, begegneten sie einer Beerdigungsprozession. Der einzige Sohn einer Witwe wurde zu Grabe getragen. Als Jesus die Frau sah, brach es ihm das Herz und er sagte: „Weine nicht." Er streckte seine Hand aus, berührte den Sarg und befahl dem Verstorbenen aufzustehen.

Als der junge Mann sich aufrichtete und anfing, mit seiner Mutter zu reden, waren die umstehenden Menschen total baff. Angst und Ehrfurcht erfassten die Menge. Sie lobten Gott und sagten: „Ein mächtiger Prophet ist zu uns gekommen. Heute hat Gott sein Volk besucht." (Lukas 7,16; NL)

Der junge Mann war einer von drei Menschen, die Jesus von den Toten auferweckt hat; die anderen beiden waren die Tochter von Jairus (siehe Lukas 8,40–56) und Lazarus (siehe Johannes 11,38–44). In allen drei Fällen hatte Jesus großes Mitleid mit den Trauernden und brachte ihnen Hoffnung. Dasselbe hat er für viele Menschen getan, die zwar rein biologisch gesehen am Leben, geistlich aber tot waren. Und er sehnt sich auch heute noch danach, *unser* Bedürfnis nach Hoffnung zu stillen.

Mitten ins Leben

Fühlst du dich heute geistlich gesehen eher tot oder lebendig? Gibt es einen Bereich deines Lebens, der von Jesus „auferweckt" werden müsste? Er kennt deine persönlichen Bedürfnisse längst, und er möchte dir die Hoffnung geben, nach der du dich sehnst. Gestehe ihm gegenüber ein, dass du seine Hilfe dringend nötig hast und dann gib ihm die Erlaubnis, seinen Willen in deinem Leben umzusetzen.

76.

„HAST DU MICH LIEB?"

*Die Liebe Christi haben wir daran erkannt, dass er sein
Leben für uns opferte. Ebenso müssen auch wir bereit sein,
unser Leben für unsere Geschwister hinzugeben.
Denn wie kann Gottes Liebe in einem Menschen bleiben, dem die
Not seines Bruders oder seiner Schwester gleichgültig ist, obwohl er
selbst alles im Überfluss besitzt? Deshalb, meine Kinder,
lasst uns einander lieben: nicht mit leeren Worten,
sondern mit tatkräftiger Liebe und in aller Aufrichtigkeit.*
1. JOHANNES 3,16–18

Denkanstoß

Während eines Urlaubs in Australien kam mir eine Begebenheit aus dem Johannesevangelium in den Sinn. Die Geschichte ereignete sich ein paar Wochen nach der Auferstehung von Jesus, als er mit Petrus und ein paar anderen Jüngern am Lagerfeuer saß und sie frühstückten. Danach wandte sich Jesus an Petrus und fragte ihn: „Petrus, hast du mich lieb?"

Petrus antwortete: „Ja, Herr, du weißt doch, dass ich dich lieb habe."

Jesus antwortete: „Hüte meine Schafe."

Dann fragte er Petrus noch einmal: „Hast du mich lieb?"

Und wieder antwortete Petrus: „Ja, Herr, das weißt du doch."

„Dann hüte meine Schafe."

Und Jesus fragte Petrus ein weiteres Mal: „Petrus, hast du mich *wirklich* lieb?" Mittlerweile ist Petrus wahrscheinlich fast ausgeflippt und hat sich gefragt: *Warum fragt er mich das jetzt schon zum dritten Mal? Habe ich was falsch gemacht?*

„Ja, Herr, du *weißt*, dass ich dich von ganzem Herzen lieb habe."

Und wieder sagte Jesus: „Hüte meine Schafe."

Es liegt eine besondere Kraft darin, dass Jesus diese Frage an Petrus (und an uns) dreimal stellt. Erinnerst du dich noch daran, als du jünger warst und deine Mutter dich gebeten hat, etwas Bestimmtes zu erledigen? Beim ersten Mal hast du nur so halb zugehört. Daraufhin hat sie es wiederholt und du hast ein bisschen besser zugehört. Beim dritten Mal hat sie dich mit deinem kompletten Namen – Vorname, zweiter Name, Nachname – angesprochen, und da wusstest du, dass die Sache ernst ist! Genau den Effekt hat auch Jesus erzielt, als er Petrus mehrmals die gleiche Frage stellte. Und wenn ich diesen Abschnitt lese, fühle ich mich genauso von Gott angesprochen, so als würde er mich fragen: „Rebecca, hast du mich lieb? ... dann hüte meine Schafe."

Und ich frage mich: *Wer sind die Menschen, die ich hüten soll? Ist es meine Familie, sind es meine Freunde oder Menschen, die Jesus noch nicht kennen? Bin ich zuverlässig darin, die „Schafe" zu hüten, die Jesus mir zeigt? Wenn nicht, wie kann ich das ändern?* Ich glaube, dass Jesus uns zum Handeln aufruft und von uns möchte, dass wir auf seine eindringliche Frage reagieren. Hast du ihn lieb? Dann hüte die Schafe, die er dir anvertraut hat. Es gibt viele Menschen, die deine Hilfe brauchen.

Weitergedacht

Andere werden nicht unbedingt merken, dass wir Jesus nachfolgen, wenn wir nur an die richtigen Dinge *glauben*. Sie wissen nicht, dass wir total von Jesus begeistert sind, nur weil wir die Bibel vielleicht halbwegs auswendig können oder sonntags immer in die Gemeinde gehen. Was wir zu glauben *behaupten*, wird sie nicht beeindrucken. Jesus hat gesagt: „An eurer Liebe zueinander wird jeder erkennen, dass ihr meine Jünger seid" (Johannes 13,35). Das ist es, was uns vom größten Teil der Welt unterscheidet. Wir sind zu einer uneigennützigen Liebe aufgerufen, die die Bedürfnisse anderer sieht und sie im Namen von Jesus erfüllt. In 1. Petrus 1,22 steht: „Ihr habt euch nun der Wahrheit, die Christus brachte, zugewandt und habt ihm gehorcht. Darum seid ihr fähig geworden, einander aufrichtig zu lieben. So handelt auch danach, und liebt einander von ganzem Herzen."

Mitten ins Leben

Hast du Jesus lieb? Hast du ihn lieb? Hast du ihn *wirklich* lieb? Dann sieh dir die Kassiererin im Supermarkt, den Mann in deiner Straße, der mit niemandem Kontakt zu haben scheint, eine nicht-christliche Freundin oder jemanden in deiner Familie an. Hab diese Person lieb, kümmere dich um sie, bete für sie, bete *mit* ihr und zeige ihr Jesus. Das ist wahre Liebe.

77.

WEIT GEÖFFNETE HERZEN

*Betet für uns! Wir haben ein gutes Gewissen, denn wir wollen in
jeder Weise ein Leben führen, das Gott gefällt.*

HEBRÄER 13,18

Denkanstoß

Neulich hat mich mein Berater Ken total beeindruckt. Ich erzählte
ihm von der Herausforderung, meine Arbeit so zu organisieren,
dass sie mich nicht aus dem Gleichgewicht bringt. Wie immer hörte
er erst aufmerksam zu und rückte dann mit einer Weisheit raus. Er
erzählte, dass er in seinem Leben genau das gleiche Problem hatte.
Es hat mich beeindruckt, dass er sich trotz seiner Position als Leiter
mir gegenüber verletzlich gemacht hat.

Ich hatte oft den Eindruck, dass es Professionalität beweist, wenn
man sich nach außen hin stark gibt, statt etwas zu zeigen, das viele
Menschen als Schwäche interpretieren würden. In den letzten Jahren habe ich aber gelernt, dass es manchmal sehr eindrucksvoll und
überraschend stark sein kann, wenn wir uns als Leiter zum passenden Zeitpunkt verletzlich machen. Das führt zu tiefer Gemeinschaft.
Jeder von uns hat Verletzungen, und wenn wir uns öffnen (wenn der
Moment dafür günstig ist und uns Gott dafür ein „Go" gibt ...), la-
den wir andere dazu ein, sich ebenfalls zu öffnen, weil sie sehen: Hey,
dem geht es ähnlich wie mir.

Ich habe eine sehr offene und ehrliche Beziehung zu meiner besten Freundin Karleen. Es ist erstaunlich, dass wir so vieles gemeinsam haben, obwohl sie in einer komplett anderen Welt lebt als ich. Wenn wir uns treffen, verstehen wir uns auf vielen verschiedenen Ebenen. Geistlich ist sie stark – sie stellt mir die unbequemen Fragen und ermutigt mich. Manchmal machen wir ähnliches durch und stehen den gleichen Herausforderungen gegenüber. Ich merke immer wieder, dass Gott unsere Freundschaft gegründet und uns einander geschenkt hat. Es ist schön zu sehen, wie Gott da seine Hände im Spiel hat.

Paulus hat mal geschrieben: „Ihr lieben Christen in Korinth! Wir haben sehr offen zu euch gesprochen und euch dabei in unser Herz blicken lassen. Der Platz in unserem Herzen ist euch sicher, auch wenn ihr euch uns gegenüber verschließt. Ich rede zu euch wie ein Vater zu seinen Kindern. Schenkt mir doch dasselbe Vertrauen, das ich euch entgegenbringe, und öffnet mir eure Herzen!" (2. Korinther 6,11–13)

Die Herzen für andere weit öffnen ist ein sehr cooler Gedanke. Wenn wir echt sind, haben wir nichts zu verbergen. Es gibt nichts, wofür wir uns schämen müssten, und wir brauchen demzufolge keine Angst haben, dass irgendetwas Peinliches „rauskommt". Was für ein befreiendes Gefühl! Das macht uns nicht zu perfekten Menschen, aber es zeigt den anderen, dass wir entschlossen sind, offen und ehrlich zu leben.

Weitergedacht

Das Buch der Sprüche enthält viele Weisheiten darüber, welchen Wert Offenheit gegenüber anderen hat, zum Beispiel: „Der Ehrliche geht aufrichtig und sicher seinen Weg; ein Unehrlicher zerstört sich selbst durch seine Falschheit" (Sprüche 11,3) oder: „Könige möch-

ten die Wahrheit hören, darum achten sie ehrliche Menschen"
(Sprüche 16,13).

Mitten ins Leben

Gibt es etwas Beängstigendes daran, sich anderen gegenüber verletzlich zu zeigen? Absolut. Aber wir sind für die Gemeinschaft mit
anderen geschaffen. Das ist manchmal ganz schön verwirrend, aber
wo wären wir ohne die Hilfe anderer Menschen? Such dir einen der
beiden Verse aus den Sprüchen aus, lerne ihn auswendig und denke
immer wieder über diese Worte nach.

Die amerikanische Originalausgabe erschien im
Verlag Faith Words, Hachette Book Group USA, New York,
unter dem Titel „Pure".
© 2008 by Rebecca St. James

Dieses Werk wurde vermittelt durch die
Literarische Agentur Thomas Schlück GmbH, 30161 Hannover

© 2010, 2022 by Gerth Medien
in der SCM Verlagsgruppe GmbH
Dillerberg 1, 35614 Asslar

Die Bibelverse in diesem Buch wurden, falls nicht anders angegeben,
folgender Übersetzung entnommen:
Hoffnung für alle – Die Bibel, durchgesehene Ausgabe in neuer Rechtschreibung,
© 1986, 1996, 2002 by International Bible Society, USA.
Übersetzt und herausgegeben durch: Brunnen Verlag Basel, Schweiz
Weiterhin wurden verwendet:
Gute Nachricht Bibel, © Revidierte Fassung, durchgesehene Ausgabe in neuer
Rechtschreibung. © 2000 Deutsche Bibelgesellschaft, Stuttgart (GN)
Lutherbibel, revidierter Text 1984, durchgesehene Ausgabe in neuer Rechtschreibung.
© 1999 Deutsche Bibelgesellschaft Stuttgart (LÜ)
Neues Leben. Die Bibel, © 2002 und 2006 SCM R. Brockhaus im SCM-Verlag,
Witten (NL)
Elberfelder Bibel © 1985, 1992 R. Brockhaus-Verlag, Wuppertal, (ELB)

Neuauflage 2022
Bestell-Nr. 817912
ISBN 978-3-95734-912-5

Umschlaggestaltung: Hanni Plato unter Verwendung von Shutterstock
Satz: Immanuel Grapentin
Druck und Verarbeitung: GGP Media GmbH, Pößneck
Printed in Germany

www.gerth.de